财政支农资金折股量化扶贫机制探索
——以温州为例

周胜芳　戴佩慧　潘凤钗　著

九 州 出 版 社
JIUZHOUPRESS

图书在版编目（CIP）数据

财政支农资金折股量化扶贫机制探索：以温州为例 / 周胜芳，戴佩慧，潘凤钗著 . -- 北京：九州出版社，2023.2

ISBN 978-7-5225-1459-8

Ⅰ．①财… Ⅱ．①周… ②戴… ③潘… Ⅲ．①财政支农－财政资金－扶贫－研究－温州 Ⅳ．① F812.755.3

中国版本图书馆 CIP 数据核字（2022）第 222529 号

财政支农资金折股量化扶贫机制探索：以温州为例

作　　者	周胜芳　戴佩慧　潘凤钗　著
责任编辑	云岩涛
出版发行	九州出版社
地　　址	北京市西城区阜外大街甲 35 号（100037）
发行电话	(010)68992190/3/5/6
网　　址	www.jiuzhoupress.com
印　　刷	定州启航印刷有限公司
开　　本	710 毫米 ×1000 毫米　　16 开
印　　张	12
字　　数	213 千字
版　　次	2023 年 2 月第 1 版
印　　次	2023 年 2 月第 1 次印刷
书　　号	ISBN 978-7-5225-1459-8
定　　价	78.00 元

前　言

　　消除贫困、改善民生、逐步实现共同富裕，是社会主义的本质要求，也是中国共产党的重要使命。经过八年持续奋斗，2020年年底我国如期完成了新时代脱贫攻坚目标任务，现行标准下农村贫困人口全部脱贫，贫困县全部摘帽。为全面建成小康社会做出了重大贡献，为开启全面建设社会主义现代化国家新征程奠定了坚实基础。习近平总书记指出："2020年全面建成小康之后，我们将消除绝对贫困，但相对贫困仍将长期存在。到那时，现在针对绝对贫困的脱贫攻坚举措要逐步调整为针对相对贫困的日常性帮扶措施，并纳入乡村振兴战略架构下统筹安排。"

　　为打赢这场脱贫攻坚战，以习近平同志为核心的党中央开展多种精准扶贫路径探索，资产收益扶贫就是其中一种创新之举。2015年11月发布的《中共中央国务院关于打赢脱贫攻坚战的决定》中提出，在不改变用途的情况下，财政专项扶贫资金和其他涉农资金投入设施农业、养殖、光伏、水电、乡村旅游等项目形成的资产，具备条件的可折股量化给贫困村和贫困户，尤其是丧失劳动能力的贫困户。资产可由村集体、合作社或其他经营主体统一经营。2016年3月发布的《中华人民共和国国民经济和社会发展第十三个五年规划纲要》中也提出创新扶贫开发方式，探索资产收益扶持制度，通过土地托管、扶持资金折股量化、农村土地经营权入股等方式，让贫困人口分享更多资产收益。

　　多年来，温州市在推进精准扶贫和巩固拓展脱贫攻坚的成果上一直不遗余力，并积极创新扶贫模式和方法，以"输血＋造血＋活血"的方式增强防返贫能力，坚决守住不发生规模性返贫的底线。在上述政策背景下，2017年温州市率先出台《温州市财政支农资金折股量化扶贫试点工作实施意见》，选择瓯海、洞头、永嘉、苍南、泰顺等五个县（市、区）开展试点。各级财政安排扶贫资金及其他涉农资金、挂钩帮扶资金投入项目形成资产股权量化，为扶贫资金使用找到了一条新路径，破解扶贫资金使用难题。在开展折股量化过程中，温州市持续强化多级联动，构建"市级指导、县级引导、乡镇主导、乡村（农户）主体"工作格局：温州市财政局和扶贫办帮助解决各试点地区实际运作中遇到的政策处理和资金难题；各试点地区所在县（市、区）扶贫办和财政部门自上而下为乡镇和村集体组织在项目谋划及落地提供政策解析与处理指导，并帮助对接企业具体项目；同时，全市折股量化项目突出"一地一策"，各地结合资源特点，因地制宜，将财政资金投入自然资源开发、集体物业、产业发展等项目，多元化投资、多形式运营确保稳定收益。

实施折股量化扶贫"赋予农民更多的财产权利，探索农民增加财产性收入渠道"，是实行精确扶贫的一项重要举措，也是我国深化农村改革的主线和方向。财政支农资金折股量化，即把政府资金投入设施农业、光伏、水电等项目形成的资产，量化折股给低收入农户，有效地解决了农户缺乏经营性资产的问题。通过财政支农资金形成低收入农户的资产股权量化，打破了扶贫资金"大水漫灌"的传统模式，一改过去"一投了之"的现象，提升了资金使用效益和精准程度，形成低收入农户长期增收纽带，从而推动财政支农政策供给侧改革。

但在探索的过程中，温州市也遇到了不少困难，因此在学习各地经验的基础上，温州积极调查评估和分析总结，逐步厘清当前的发展现状，针对温州实际构建支农资金折股量化帮扶机制，出台相关政策，并引导各县市区实施折股量化扶贫工作。2021年以后，温州市进入高质量建设共同富裕示范区市域样板阶段，虽然没有了绝对贫困对象，但相对贫困对象仍然存在且数量不少，虽然折股量化扶贫模式调整为折股量化帮扶，但依然发挥着带动低收入农户共同富裕的重要作用。

本书以支农资金折股量化帮扶为主要研究对象，结合温州市的实践历程，分析了折股量化扶贫的概念产生、现实意义、发展现状、基本模式和各地实践存在的问题，以及全面建成小康社会后的政策变化，力求为各地开展折股量化帮扶工作提供经验借鉴。

本书由八章组成：

第一章温州实施折股量化扶贫政策的时代背景与现实意义。分析了当前的政策背景，提出了实施折股量化扶贫的必要性和重要意义。

第二章折股量化扶贫基本概念、基本模式及外地经验借鉴。阐明了折股量化扶贫的基本概念、基本模式和创新之处，辨析了折股量化工作中的产权和股权与传统方式的不同点，对外地的实施经验进行了分析和总结。

第三章温州市实施折股量化扶贫政策的基本现状与机制构建。对温州市财政支农资金折股量化现状进行了分析并总结了各县市区的探索案例，阐明了温州市财政支农资金折股量化机制的构建及相关政策的出台。

第四章温州市折股量化扶贫实施历程。分别从市级、县级、镇级和产业层面展示了温州市折股量化扶贫的实施历程，分析了在实施过程中出现的问题并提出下一步解决方案。

第五章温州市折股量化扶贫试点工作效果评估调查。分析了温州市折股量化扶贫试点项目实施基本情况，对实施成效进行调研评估并提出存在的不足和解决对策。

第六章全面建成小康后温州市折股量化扶贫政策转变。评估温州市扶贫工作成效，提出新发展背景下的帮扶政策，结合数字化发展需求提出折股量化帮扶项目数字化监管系统建设建议。

第七章温州市折股量化扶贫典型案例。对财政支农资金投入农村自然资源开发类项目、农村经营性集体物业项目、产业类发展项目、抱团发展综合类项目的典型案例进行了分析。

第八章各地资产收益扶贫与温州折股量化扶贫的比较分析。将安徽省、黑龙江省等地的资产收益扶贫与温州折股量化扶贫进行比较分析，剖析了存在的问题。

目　录

第一章 温州市实施折股量化扶贫政策的时代背景与现实意义

第一节 问题的提出

低收入是一种相对的、狭义的贫困，衡量标准主要依据个人的收入或消费水平。低收入的相对性是指个人、家庭的收入或消费相对于全社会处于贫困状态。由于贫困是一个客观现象，相对贫困标准又是不断变动的，因此，相对贫困现象也将长期存在。2013 年，温州市组织了低收入农户认定工作。根据省里统一部署，11 个县（市、区）和温州经济技术开发区共认定低收入农户 30.7 万户 82.9 万人，其中符合省扶贫标准（2012 年农民人均纯收入 5500 元）的为 27 万户 72.7 万人，占全省低收入人口户数的五分之一，占全市农村总户数的 14.2%、总人口的 10.6%。全市共有扶贫重点村 1617 个，占全市总村数的 30%；其中省扶贫重点村 913 个，主要分布在原 5 个相对欠发达县（泰顺县、文成县、永嘉县、苍南县、平阳县）。因此，如何进一步提高低收入农户收入水平成为温州市委、市政府的中心工作之一。

第二节 政策实施背景

温州市之所以开展财政支农资金折股量化扶贫，是基于如下政策背景因素。

一、中央层面开始重视探索贫困人口资产收益扶持制度

中共十八届五中全会公报中提出，实施脱贫攻坚工程，实施精准扶贫、精准脱贫，分类扶持贫困家庭，探索对贫困人口实行资产收益扶持制度。

2015 年 11 月发布的《中共中央国务院关于打赢脱贫攻坚战的决定》提出，在不改变用途的情况下，财政专项扶贫资金和其他涉农资金投入设施农业、养殖、光伏、水电、乡村旅游等项目形成的资产，具备条件的可折股量化给贫困村和贫困户，尤其是丧失劳动能力的贫困户。资产可由村集体、合作社或其他经营主体统一经营。

2016 年中央 1 号文件进一步明确，财政支农资金使用要与建立农民分享产业链利益机制相联系。

2016 年 3 月发布的《中华人民共和国国民经济和社会发展第十三个五

年规划纲要》也提出创新扶贫开发方式，探索资产收益扶持制度，通过土地托管、扶持资金折股量化、农村土地经营权入股等方式，让贫困人口分享更多资产收益。

2016年6月，国家发展改革委、水利部联合印发《农村小水电扶贫工程试点实施方案》，拟选取部分水能资源丰富的国家级贫困县，开展农村小水电扶贫工程试点，采取将中央预算内资金投入形成的资产折股量化给贫困村和贫困户的方式，探索"国家引导、市场运作、贫困户持续受益"的扶贫模式，建立贫困户直接受益机制。

这些从顶层设计上为温州市实施财政资金扶贫折股量化扶贫政策奠定了良好的基础。

二、新一轮财税体制改革需要财政支农方式创新

自新《中华人民共和国预算法》颁布实施之后，国家吹响了新一轮财税改革的进军号，着眼全面深化改革全局，坚持问题导向，围绕党的十八届三中全会部署的"改进预算管理制度、完善税收制度、建立事权与支出责任相适应的制度"三大任务有序有效有力推进；明确了改革的时间表，至2020年各项改革基本到位，现代财政制度基本建立。为此，浙江省财政于2015年率先全面推进财政支农体制机制改革，以财政改革推动和引领"三农"领域改革，通过对财政支农政策和管理模式进行制度创新和系统性重构，逐步建立与现代农业发展水平和统筹城乡需求相适应的财政支农政策体系、支农资金管理体系和支农资金监督体系，为温州市农业现代化和城乡一体化提供有力保障。因此，财政支农体制机制改革需要在支农资金分配方式上实现创新。

三、财政扶贫政策目标靶向定位不够精确

温州市财政扶贫资金本身不能以现金形式直接到村到户，而均要以项目形式来与低收入农户的需求对接。由于确定究竟什么样的项目能真正满足低收入农户需求在技术上还存在着很大的难度，因此就可能造成资金瞄准在最后一个阶段——瞄准低收入农户的实际需求靶向无法精准。项目的选择受到管理方便与农户需求分散这一矛盾的制约而无法做到准确瞄准。地方政府在扶贫资金的使用上，更倾向于用在锦上添花的基础设施建设和产业发展上，而不是雪中送炭。例如下山移民政策，政策很好也受欢迎，但是由于一刀切的补助政策和补助资金不足，所以享受扶贫资金补助搬出来的多是经济

条件相对较好的农户，贫困的特别是最穷的农户根本搬不起。又如产业扶贫政策，受益多的主要还是贫困社区中的中高收入农户、企业主等，真正贫困农户难以从中直接受益，且受益也相对较少。因此，低收入农户所需求的政策目标靶向定位不够精确，难以有效解决财政政策的"最后一公里"贯通问题。

四、低收入农户与全市农村居民的收入差距继续拉大

据温州市统计局对永嘉、平阳、苍南、文成和泰顺等五县 750 户低收入农户统计监测调查，温州市低收入农户的人均收入在多项帮扶措施有力推动下，呈现持续增长态势。2012—2015 年，全市低收入农户人均纯收入从 2012 年的 5573 元逐年提高到 2015 年的 9162 元，年均递增 18.0%，较农村居民收入年均增长水平高出 8 个百分点，保持了持续快速增长。但低收入农户与全市农村居民平均水平差距仍然继续拉大。与全市农村居民相比，收入绝对额差距却从 2012 年的 9146 元增加到 2015 年的 10434 元，如图 1.1 所示。

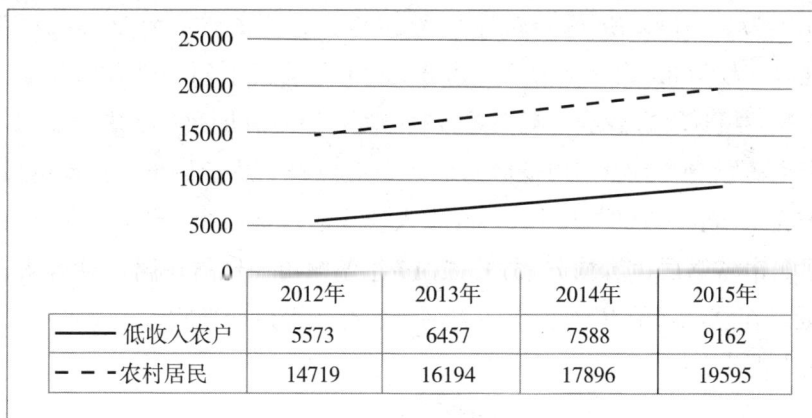

	2012年	2013年	2014年	2015年
—— 低收入农户	5573	6457	7588	9162
- - 农村居民	14719	16194	17896	19595

图 1.1　2012—2015 年低收入农户与同期农村居民纯收入对比（单位：元）

五、低收入农户自身发展能力弱，存在贫困代际传递现象

温州市低收入农户自我发展能力较弱。市统计局对低收入农户监测样本显示，年老体弱、长期有病和残疾的比例分别为 25.9%、14.9% 和 12.0%；60 岁以上和 16 岁以下的比例分别为 34.6% 和 9.7%；文化程度上"不识字或识字很少"占全部样本人数的 38.7%，小学及初中文化程度的占 52.4%。因病、因残、文化素质偏低、年老体弱、劳动能力和技能缺失等因素是低收入农户致贫的主要原因。扶贫重点村大多数分布在山区和半山区，这些地区经济基

础薄弱，人口分散、交通不便、信息闭塞、人才匮乏、村集体经济薄弱，外部环境先天不足。

生活在贫困家庭的子女，几乎无家庭财产（金融资产、像样的住宅、农业机械等）的积累，而且大多在成年后还需要承担父辈遗留下来的债务。在市场竞争日益激烈的现代社会，他们甚至会比父辈生活更艰难。同时，由于缺少技术和资金，难以进行必要的再生产投入，从而导致低收入—低投入—低产出—低收入，构成恶性循环。低收入农户由于长期生活在贫困之中，其结果往往会形成特定生活方式、行为规范和价值观念的贫困文化，陷入一个贫困代际传递的陷阱，使他们的下一代也难以脱贫致富。

六、财产性收入在低收入农户收入结构中占比很低

2015 年，温州市低收入农户收入构成中，工资性收入 3793 元，占纯收入比重为 41.4%，是家庭收入的主要来源；其次是转移性纯收入 3391 元，所占比重为 37.01%；家庭经营纯收入 1893 元，所占比重为 20.66%；而财产性纯收入仅为 85 元，所占比重为 0.93%（图 1.2）。财产性收入相比其他收入来源，相对较为稳定，不会受劳动能力、财政补助政策、农产品市场等因素变化的影响。但温州市低收入农户财产性收入总量最小、比重也最低，对整个收入增长贡献明显不足。低收入农户财产性收入占总收入的比重远低于温州市城镇居民和农村居民。2015 年温州市城镇居民财产性收入达到 5985 元，在总收入中占比达到 16.42%；农村居民财产净收入为 1097 元，在总收入中占比达到 5.17%（图 1.3）。

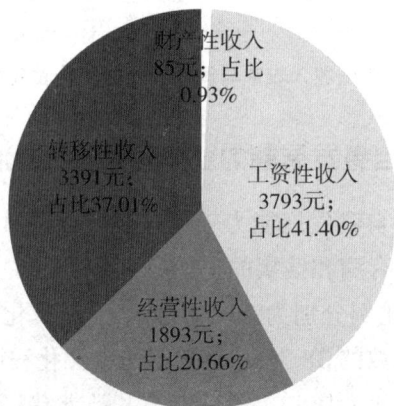

财产性收入
85元；占比
0.93%

转移性收入
3391元；
占比37.01%

工资性收入
3793元；
占比41.40%

经营性收入
1893元；
占比20.66%

图 1.2 2015 年温州市低收入农户收入构成

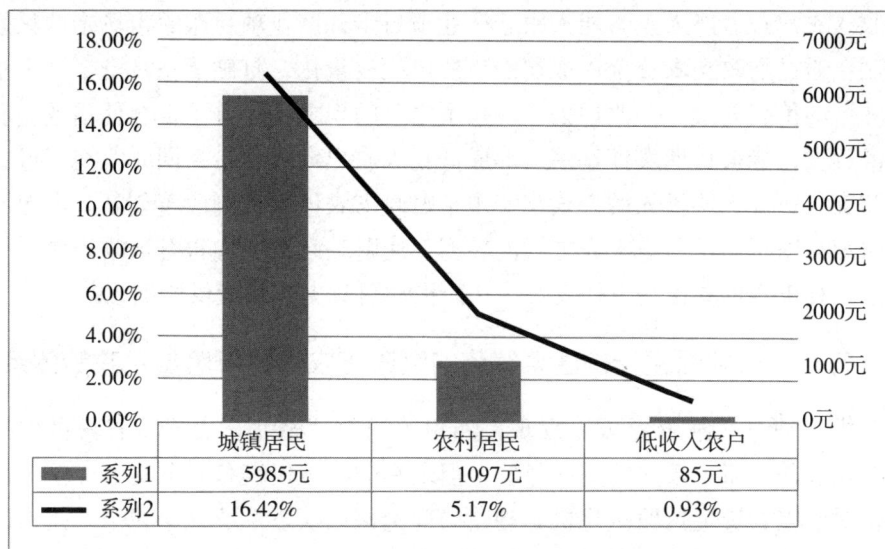

	城镇居民	农村居民	低收入农户
系列1	5985元	1097元	85元
系列2	16.42%	5.17%	0.93%

图 1.3 2015 年温州市低收入农户与城镇居民、农村居民财产性收入对比

第三节 实施折股量化扶贫的现实意义

在当时的时代背景下，实施折股量化扶贫将带来如下几方面重要意义。

一、有效提高低收入农户财产性收入

落实财政支农资金折股量化政策，"赋予农民更多的财产权利，探索农民增加财产性收入渠道"，是当前全面深化改革的重要内容之一，是实行精确扶贫的一项重要举措，也是我国深化农村改革的主线和方向。而增加低收入农户财产性收入的前提条件是要解决经营性资产从"无"到"有"的问题。财政支农资金折股量化，即把政府资金投入设施农业、光伏、水电等项目形成的资产，折股量化给低收入农户，有效地解决了农户缺乏经营性资产的问题。

二、推动财政支农政策供给侧改革，实现财政扶贫方式创新

新一轮财政扶贫要做到精准"滴灌"，就要充分发挥财政资金的集聚效应，用最少的投入取得最大的扶贫效果，为此必须推进财政扶贫资金扶持方式的全面转型。财政支农资金折股量化实现了政府资金跟着低收入农户走，

低收入农户跟着能人走，能人跟着产业项目走，产业项目跟着市场走的长效机制。通过财政支农资金形成贫困户资产股权量化，打破了扶贫资金"大水漫灌"的传统模式，一改过去"一投了之"的现象，提升了资金使用效益和精准程度，能够长期发挥作用，形成低收入农户增收纽带；同时改变了过去财政支农资金无偿投入的方式，实现了财政支农体制机制改革创新。本课题的研究有助于通过财政支农方式的转型，使财政政策更加符合低收入农户的需求，真正实现真扶贫、扶真贫，从而推动财政支农政策供给侧改革。

三、从点到面逐步构建系统化的财政支农资金折股量化政策体系

纵观现有文献资料可以发现，四川、湖南、湖北、贵州等省份已先行开展探索并积累了较多的实践经验，但现有的文献仅仅是零散实践经验的描述，对于支农资金折股量化机制构建的理论探讨缺乏系统性论述。温州市以往的财政支农资金以考核经营主体的投资规模为主，基本上是无偿投入，尚未建立以资金折股量化对接低收入农户的利益分享机制。希望通过本课题的研究，探讨适合温州市的财政支农资金折股量化的流程、路径、模式等相关环节，构建系统化的政策体系。

四、为温州市推进财政扶贫折股量化工作，出台具体政策提供依据

温州市政府将探索资产收益扶贫作为精准扶贫的重要举措。2016年温州市1号文件中提出，"探索资产收益扶贫，在不改变用途的情况下，财政专项扶贫资金和其他涉农资金投入项目形成的资产，具备条件的可折股量化给低收入农户"。《温州市财政支农体制机制改革三年行动计划》（温财农〔2015〕387号）文件中提出，"按照精准扶贫要求，创新财政扶贫方式，在扶贫开发工作中，探索建立财政扶贫资金形成资产股权，量化给扶贫对象等举措，增加扶贫对象的财产性收益，加快提高低收入群众的收入水平"。但目前温州市尚未出台具体的实施政策，各地在实施过程中普遍因缺乏政策依据而不敢贸然行动。

在这样的背景下，本书作者受温州市财政局和温州市农业农村局两个部门所托，开展财政支农资金折股量化扶贫政策研究。

第二章　折股量化扶贫基本概念、基本模式及外地经验借鉴

第一节　财政支农资金折股量化概念及创新之处

一、资产收益扶持制度的概念

"探索对贫困人口实行资产收益扶持制度"是中央层面首次提出的政策表述。资产收益扶持制度主要针对的是自主创收能力受限制的农村贫困人口，如丧失劳动力而无法劳作的农民。其目的是把细碎、分散、沉睡的各种资源要素转化为资产，整合到优势产业平台上，扩展贫困人口生产生存空间，让其享受到优质资源，实现脱贫致富。

目前已有四川、湖南、湖北、贵州等省份以资产收益扶持制度扶贫，先行开展探索。各地做法大体类似，即利用财政专项扶贫资金或部分支农资金作为低收入农户的股份，参与龙头企业、家庭农场、农民专业合作社等新型经营主体的生产经营和收益分红，以增加贫困人口的财产性收入。

二、实施折股量化扶贫的财政资金范围

因温州每年财政局拨发的财政专项扶贫资金数量有限，且用于易地搬迁、来料加工、资金互助组织、扶贫小额信贷贴息和产业发展等项目，资金用途比较分散。若实施折股量化扶贫模式仅将资金范围局限于财政专项扶贫资金，则受益群体和扶贫效益将受限制。所以本课题所指的财政扶贫资金，不局限于财政专项扶贫资金，指的是财政支农资金中能够带来扶贫效益的各类资金，当然也包括财政专项扶贫资金。

三、财政支农资金折股量化扶贫的概念

财政支农资金折股量化扶贫是从资产收益扶持制度中延伸出来的概念，是资产收益扶持制度设计的核心和关键点。本书中的财政支农资金折股量化，指的是在不改变用途的情况下，财政专项扶贫资金和其他涉农资金投入设施农业、林业、养殖、光伏、水电、乡村旅游、村集体经济等项目形成的资产，具备条件的可折股量化给重点帮扶对象，尤其是丧失劳动能力的低收入农户。

四、创新之处

财政支农资金折股量化扶贫方式以相关经营主体为组织载体，搭建平台集聚整合扶贫资源；以股份合作制为制度形式，实现将资本分配与资本运用适度分离，从而创新了资产收益扶持制度的实现机制。其中，资产运用按市场原则进行，向经营能力强的经营管理者集中；收益分配则强调平等和公平原则，优先倾向那些低收入农户中的弱势群体，特别是丧失劳动力的重点帮扶对象，使其能够通过股份分红，分享农业和农村产业发展成果。

第二节　财政支农资金折股量化中的产权与股权

财政支农资金折股量化扶贫方式在实施过程中，将围绕政府、低收入农户、项目实施主体、政府委托持股主体四者形成产权转移关系、股权关系、投资关系和收益关系，但又根据低收入农户是否是项目实施主体，分为两种模式，如图 2.1、图 2.2 所示。

模式 1，即政府扶贫资金投资于第三方项目实施主体，所形成的资产折股给政府委托持股主体持有，量化给低收入农户受益。

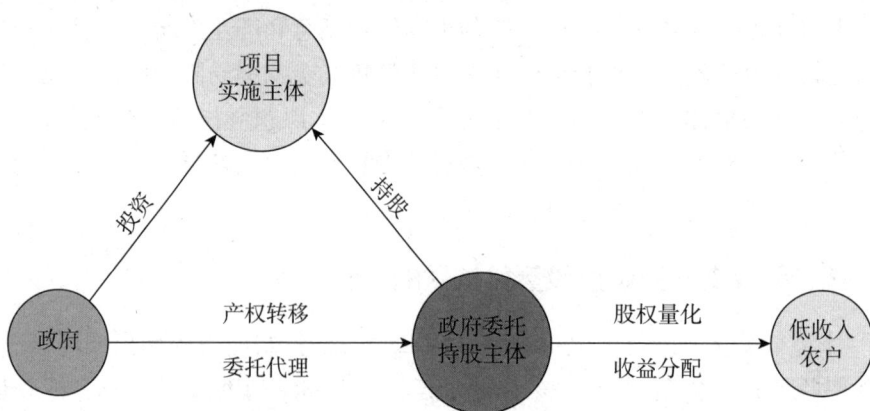

图 2.1　模式 1：财政扶贫资金投资于第三方项目实施主体

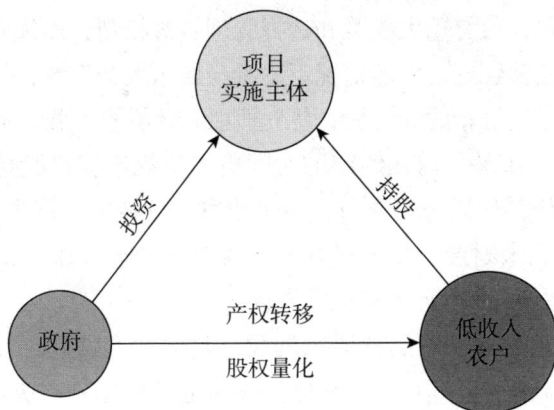

图 2.2 模式 2：财政扶贫资金全部折股量化给受益对象

模式 2，即低收入农户作为项目实施主体承接政府扶贫资金的投资，所形成的资产全部折股量化给受益对象持有，如在农户自家屋顶实施光伏项目。在已经开展试点的重庆等地，大多数在股权上采用优先股方式。

一、产 权

产权是人们对生产要素的使用或经营的一种行为权利。在现代企业制度下，所有与经营相分离的企业模式中，作为生产要素的价值形态——资本，是出资者的所有权的象征，它一旦投入企业中，资本的所有权就转化为股权的存在方式。产权是对不同经营主体之间的权益关系进行界定和调整的制度规范。产权是由占有权、使用权、处分权、收益权四项基本权能组成的权利束。其中占有权是指占有某物或某财产的权利，即在事实上或法律上控制某物或某财产的权利。使用权或经营权是产权的核心权能。它是指产权主体对资产进行使用或营运的权利。使用权是产权各项权能中最有意义的权能，因为资本只有在使用中才能增值。处分权是使用权的延伸，它包括对资产进行转让、赠予、抵押等项权利。收益权是指产权主体在经营中获取利润分配的利得权。

二、普通股与优先股

财政支农资金折股量化项目在实施过程中，政府委托持股主体入股项目实施主体的股份的性质可以分为普通股和优先股两种形式。普通股和优先股的区别表现在如下几个方面。

（1）公司经营管理的权利不同。普通股股东可以全面参与公司的经营管理，享有资产收益、参与重大决策和选择管理者等权利；而优先股股东一般不参与公司的日常经营管理，一般情况下不参与股东大会投票，但在某些特殊情况下，如公司决定发行新的优先股，优先股股东才有投票权。同时，为了保护优先股股东利益，如果公司在约定的时间内未按规定支付股息，优先股股东按约定恢复表决权；如果公司支付了所欠股息，已恢复的优先股表决权终止。

（2）利润和剩余财产分配顺序不同。相对于普通股股东，优先股股东在公司利润和剩余财产的分配上享有优先权。

（3）股息收益不同。普通股股东的股息收益并不固定，既取决于公司当年赢利状况，还要看当年具体的分配政策，还有可能公司决定当年不分配。而优先股的股息收益一般是固定的，尤其对于具有强制分红条款的优先股而言，只要公司有利润可以分配，就应当按照约定的数额向优先股股东支付。

三、财政支农资金折股量化形成的产权与股权关系

若财政支农资金折股量化采用模式1，则政府扶贫资金投资形成的资产折股量化后，四种产权中的四种权利束分别由三类主体所有：项目实施主体获得使用权，政府委托持股主体获得占有权、处分权，低收入农户享受收益权。如果政府将部分股权收益折股量化给政府委托持股主体（如村集体经济组织），则政府委托持股主体还享受部分收益权。

若采用模式2，因低收入农户利用自家的土地、资金等资源入股，则将扶贫资金形成的股份全部量化给低收入农户持股，此时低收入农户将享有包括占有权、使用权、处分权和收益权的完整产权。

只有财政扶贫资金投资于第三方项目实施主体才会需要考虑由此所折算的股份是设置普通股还是优先股。这需要考虑政府让渡给低收入农户的所有者权利是否是完整的，同时还需要考虑参与的经营主体对所持股份性质的态度而定。目前大多数地区采用的都是优先股形式，如四川省就采用了"贫困优先股""贫困户股份"等方式，因为优先股享受优先分红，不会对经营主体的经营决策产生影响，且退出也相对较为简单。

第三节　2017年以前的外地经验借鉴

2015年中央层面提出"探索对贫困人口实行资产收益扶持制度"之后，各地开始积极探索资产收益扶贫模式，这为温州市2017年出台的《温州市

财政支农资金折股量化扶贫试点工作实施意见》（温府办〔2017〕5号）提供了方向指引和经验借鉴。

一、甘肃省利用扶贫小额贷款模式

甘肃省在贫困户自愿的基础上，与能人大户、合作社、龙头企业签订扶贫协议，以入股分红、固定收益率等方式有偿使用扶贫贷款，并以招工等形式帮扶贫困户，有效破解部分贫困户不敢用、不会用贷款等问题。甘肃省按照贫困户户均5万元标准，由银行实行基准利率、按年结息，省财政全额贴息。针对无力经营但又有贷款意愿的贫困户，采取"农户贷款、带资入股、就业分红"的形式，通过签订协议等方式，把优惠贷款投放到龙头企业，贫困户按比例分红，包盈不负亏，并在企业务工获得劳务收入。针对有贷款意愿但经营能力较弱、需要帮助发展的贫困户，采取"农户贷款、带资入社、按股分红"的方式，将优惠贷款注入专业合作社，贫困户按比例分红。

甘肃省古浪县帝苑电脑绣品服饰有限公司采用龙头企业带动模式，在集中使用20多户贫困户专项贷款的同时，至少吸纳每户贫困户1人就业，贫困户收益包括贷款在企业的保底分红、贷款财政贴息和劳务收入。以天祝藏族自治县深沟村贫困户刘月福为例，当地政府帮助他与当地一家食用菌企业签订了协议，刘月福以5万元贷款入股，企业安排老刘在菌菇生产车间工作，每月领工资3000元，年底还可分红4000元，贷款到期时由企业负责还款。于县按贫困户贷款额的2%设立风险准备金，购买贷款贫困户人身意外保险、政策性农业保险、精准扶贫专项贷款保证保险三项保险，构建贷款资金放得出、收得回的良性循环体系。

二、湖北省十堰市光伏扶贫模式

在湖北省十堰市，每安装1千瓦光伏发电设备，年发电量为1000千瓦时，收入约为1250元，设备投入需8500元/千瓦（湖北晶星科技股份有限公司报价）。光伏发电目前并网电价为1.25元/千瓦时。其中，中央财政补贴0.426元/千瓦时（国家扶持政策20年）、国家电网收购0.574元/千瓦时、省政府补贴0.25元/千瓦时（省补贴政策5年）（含税）。

村集体可选择安装50千瓦、100千瓦两种功率光伏发电设备。其具体投资和收益情况为：①50千瓦，总投资约42.5万元，需场地800平方米。年均发电量5万千瓦时左右，有效使用期20年以上，年收益可达6.25万元。

② 100 千瓦，总投资约 85 万元，需场地 1600 平方米。年均发电量 10 万千瓦时左右，有效使用期 20 年以上，年收益可达 12.5 万元。

贫困户可选择安装 3 千瓦、5 千瓦等功率的光伏发电设备。其具体投资和收益情况为：① 3 千瓦，总投资约 2.55 万元，年均发电量 3000 千瓦时左右，有效使用期 20 年以上，年收益可达 3750 元。② 5 千瓦，总投资约 4.25 万元，年均发电量 5000 千瓦时左右，有效使用期 20 年以上，年收益可达 6250 元。

三、重庆忠县实施产业扶贫项目资金股权化试点

忠县《2016 年市级第一批产业扶贫项目资金股权化改革试点实施意见》（忠扶组〔2016〕9 号）中规定，贫困户以财政扶贫资金入股，按照项目实施村所覆盖的贫困人口每人 1000 元，计为 1 股。（合作社以户为单位入社。比如，贫困户有 1 人就计 1 股，有 2 人就计 2 股，依此类推。）

从 2016 年起，实施乡村旅游和特色产业项目的合作社，每年 11 月 30 日前每股分配给贫困户红利不低于 200 元（电商扶贫产业每股每年红利不低于 50 元），连续三年给贫困户保底分红，持续增加贫困户收入，以后，根据企业产业发展情况和合作社章程实行利润分配。贫困户不参与、不干预合作社生产经营管理决策。贫困户股权没有继承权，三年期满其股权实行滚动管理，自动转让给新的贫困户同股同酬。

实施乡村旅游、特色产业、电商扶贫项目的合作社，每年按入股贫困户股金总额的 6% 连续六年保底分红给项目所在村民委员会，增加村集体经济收入，用于村级公共事业、骨干产业发展和帮助家庭发展生产、改善生活。项目村民委员会连续享受六年保底分红后，其扶贫项目资金股权归属合作社集体所有，根据合作社章程持续用于产业发展。合作社连续分红不足 6 年的，市县扶贫、财政部门有权收回投入的财政扶贫资金（财政投入总额减除贫困户和村集体已分红的余额）；连续分红超过 6 年的合作社，根据其产业发展现状、运营业绩及其发展前景择优奖励。

此次财政扶贫资金股权化改革需要缴纳履约保证金。其中，合作社划拨 2016 年第一批财政扶贫股权化资金时缴纳总额的 38%，作为 2016—2018 年保底分红保证金；在 2019 年 6 月 30 日前缴纳财政扶贫资金总额的 10%，作为 2019—2021 年保底分红保证金。履约保证金由项目所在乡镇人民政府负责收缴监督管理，确保贫困户和村集体享受保底分红。履约尽责不到位的，作为不诚信单位列入负面清单。

四、山东淄博"N+1"资产收益扶贫模式

山东省淄博市探索出的"N+1"资产收益扶贫开发新路子，按照"公司运作、村集体资产入股、村民入股"的模式，利用 100 万元扶贫专项资金以及村集体自筹资金、社会闲置资产注册成立股份公司（合作社）；将财政专项扶贫资金所形成的资产折股量化，分别以 30% 和 70% 确权到村集体和贫困户；依托自然生态和特色农业发展优势，坚持一村一品，整体规划产业项目，科学编制实施方案，实行公司化、市场化运作，逐步探索形成了乡村旅游＋资产收益分红、特色种植＋资产收益分红、果树认养＋资产收益分红、物流配送＋资产收益分红等不同类型的资产收益扶贫新模式。

上瓦泉村是淄博市博山区博山镇一个以发展林果业为主的山区村，全村有贫困户 175 户、314 人。为实现脱贫，这个村利用 100 万元财政扶贫资金，建设"999 果园种植认养项目"，成立合作社团队对果树进行统一种养管理，采取吸引顾客认养果树和发展自有采摘业的模式，发展乡村旅游。上瓦泉村全村 314 名贫困人口分享 70 万元中央扶贫资金，以一元为一股，每人 2229 股；另外 30 万元作为集体股份，其他村民也都可以现金或实物入股。《上瓦泉村扶贫资金入股分红章程》中约定，村委会保证贫困户年分红收益不低于所持量化资金的 10%，超过部分按照实际收益分红，不足部分由其他股东以股权收益和村委会自有资产补齐。

五、贵州省丹寨县聚集二个载体实施"三变"改革

贵州省丹寨县聚集三个载体实施"三变"改革，盘活农村资源资金，集聚发展要素。"三变"指的是让贫困户通过土地流转、入股合作、参与基地建设等获得租金、股金、薪金"三金"，解决了资源分散、资金分散、农户分散等问题。

一是聚焦壮大村集体经济开展"三变"。以全省壮大村集体经济试点工作为契机，2016 年县财政安排资金 4000 万元，用于村集体经济发展，安排资金到 59 个行政村，作为村集体经济项目资金，由各乡镇、各村选择"村集体＋合作社＋旅游＋贫困户任选套餐＋异地产业扶贫"等模式，用村集体经济资金入股茅台生态农业、昌昊金煌、浙丹公司、安信公司等经营主体，年入股收益达 320 万元以上，带动 59 个村年度村集体经济积累达到 3 万元以上，受益贫困户人口 3000 人。

二是聚焦贫困户"特惠贷"开展"三变"。采取"村社联建"模式，设

立丹寨县扶贫开发合作总社，各村以贫困户"特惠贷"到户贷款交由村民委员会入股丹寨县扶贫开发合作总社。各村"两委"与合作总社签订入股合作协议，资金由县合作总社自主经营，全县贫困户入股资金3亿元。县合作总社按每年不低于入股资金8%的资金作为收益返回给贫困户，覆盖全县贫困户1万余户，户年均入股资金分红收益2400元以上。

三是聚焦龙头企业开展"三变"。围绕茅台生态农业、昌昊金煌、清华科技园、浙丹公司等龙头企业，将量化到户的资金7100万元入股龙头企业，每年按不低于入股资金8%的资金作为收益返回给贫困户，收益568万元，覆盖全县2016年度脱贫目标贫困户9000余人，年人均有入股收益收入630元以上。

各地经验总结如表2.1所示。

表2.1　各地经验总结

序号	项目名称	适用对象	收益
1	甘肃扶贫小额贷款	无力经营但又有贷款意愿的贫困户	①按照贫困户户均5万元标准，由银行实行基准利率、按年结息，省财政全额贴息 ②股份分红不低于8%，包盈不包亏 ③龙头企业还需要为贫困户提供就业
2	湖北省十堰市光伏扶贫	村集体和贫困户	①村集体可选择安装50千瓦、100千瓦两种功率光伏发电设备，年收益分别达6.25万元、12.5万元 ②贫困户可选择安装3千瓦、5千瓦等功率的光伏发电设备，年收益分别达3750元、6250元
3	重庆忠县产业扶贫项目资金股权化	贫困户和扶贫村；贫困户股权没有继承权，三年期满其股权实行滚动管理，自动转让给新的贫困户同股同酬	①贫困户以财政扶贫资金入股，贫困人口每人1000元/股 ②实施乡村旅游和特色产业项目的合作社，每年11月30日前每股分配给贫困户红利不低于200元，连续三年给贫困户保底分红；以后，根据企业产业发展情况和合作社章程实行利润分配 ③实施乡村旅游、特色产业、电商扶贫项目的合作社，每年按入股贫困户股金总额的6%连续六年保底分红给项目所在村民委员会，6年后其扶贫项目资金股权归属合作社集体所有
4	山东淄博"N+1"资产收益扶贫	贫困户和贫困村集体	将财政专项扶贫资金所形成的资产折股量化，分别以30%和70%确权到村集体和贫困户 针对贫困户，年分红收益不低于所持量化资金10%，超过部分按照实际收益分红，不足部分由其他股东以股权收益和村委会自有资产补齐
5	丹寨县"三变"改革	贫困户和贫困村集体	县合作总社和龙头企业按每年不低于入股资金8%的资金作为收益返回给贫困户

第三章　温州市实施折股量化扶贫政策的基本现状与机制构建

第一节 温州市财政支农资金折股量化现状分析

一、重点帮扶对象分析

（一）基本情况分析

本次折股量化扶贫对象主要是从扶贫办确定的市重点帮扶对象中筛选，根据不同的财政支农资金折股量化项目选取相应的帮扶对象。温州市以2015年低收入农户数据库为基础，结合低保户和低保边缘户名单，考虑因病、因灾致贫情况，根据每个村不超过5%的比例确定人数，由村"两委"或村民代表会议评议通过倒排法拟定重点帮扶对象建议名单。温州市重点帮扶对象来源包括三种类型：一是低保户；二是省扶贫低收入农户数据库中收入低、负担重、能力弱、讲诚信、无吸毒酗酒赌博等恶习、单靠自身努力确实无法跟上全面小康步伐的低收入农户；三是因病、因灾而返贫的农户。之所以将低保也列入重点帮扶对象，是因为民政兜底的低保资金保障水平还不高，不足以改变贫困户家庭条件，扶贫还需要使低收入农户过上更加富裕的生活。

通过从下而上层层筛选，温州市2015年重点帮扶对象有71142户，14.35万人，如表3.1所示。在低收入农户重点帮扶对象中，原"4600元以下"低收入农户共有31554人，在全市重点帮扶对象总人数中所占比例为21.99%，他们是低收入农户中的底层。

表3.1 温州市各县市区重点帮扶对象数据统计表

县（市、区）	总户数（户）	总人数（人）	其中纳入低保户数（户）	其中纳入低保人数（人）	因残致贫数（户）	因残致贫数（人）	因病致贫数（户）	因病致贫人数（人）
鹿城区	1430	2743	944	1514	—	650	1224	—
龙湾区	107	225	85				60	
瓯海区	1124	2853	910	2233	—		692	1712
洞头区	1527	3426	742	1209			321	525
乐清市	10995	23470	4674	—			2575	—

续　表

县（市、区）	总户数（户）	总人数（人）	其中纳入低保户数（户）	其中纳入低保人数（人）	因残致贫数（户）	因残致贫数（人）	因病致贫数（户）	因病致贫人数（人）
瑞安市	8269	17975	—	—	2595	5807	2807	6201
永嘉县	6091	13547	4293				2591	—
平阳县	14213	23000	11103	16604	83	148	3017	6248
苍南县	16215	34189	12719	25806	—	—	3496	8383
文成县	6212	9762	958	3258			1151	3914
泰顺县	4797	11020	1857	3597			2311	5122
经开区	465	1314	307	634			140	248
合计	71445	143524	—	—	—	—	—	—

资料来源：温州市农业农村局 2015 年数据。

（二）收入情况分析

　　温州市重点帮扶对象的平均收入水平普遍低于低收入农户群体。泰顺县扶贫办调查数据显示，泰顺县 4797 户重点帮扶对象 2015 年家庭人均纯收入为 5750 元。2015 年市统计局调查监测数据显示，泰顺县低收入农户 2015 年家庭人均纯收入为 8886 元，农村常住居民人均可支配收入 12973 元。如图 3.1 所示。泰顺县重点帮扶对象的收入水平仅达到同期当地低收入农户的64.7%，仅达到当地农村常住居民收入的 44.3%。

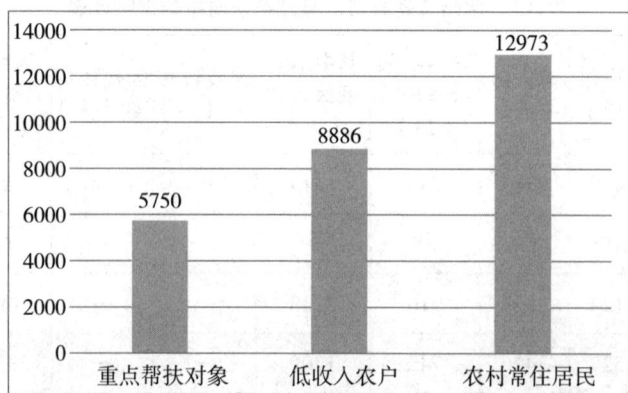

图 3.1　2015 年泰顺县重点帮扶对象收入水平与其他群体对比（单位：元）

文成县扶贫办提供的数据显示，文成县巨屿镇 38 户重点帮扶对象 2015 年家庭人均纯收入平均值为 4947 元。而文成县 2015 年低收入农户家庭人均纯收入为 9364 元，农村常住居民人均可支配收入为 13174 元。文成县巨屿镇重点帮扶对象的收入水平仅达到同期文成县低收入农户的 52.8%，仅达到文成县农村常住居民收入的 37.55%。

由此可见，温州市重点帮扶对象的年收入水平处于底层，该群体的收入提高意义重大。

二、财政扶贫资金投入结构分析

根据调研现状分析，目前适合温州市开展的财政支农资金折股量化扶贫对象的项目很多，路径很广，各地要因地制宜结合当地实际情况进行选取。为了便于分析，我们归纳为以下四个方面：①财政支农资金投入利用农村自然资源开发建设项目形成的资产；②财政支农资金投入利用农村、农业公共设施平台建设项目形成的资产；③财政支农资金投入利用农村经营性集体物业项目形成的资产；④财政支农资金投入利用农业产业化发展项目形成的资产。

本书作者针对平阳、苍南、泰顺、文成、永嘉五个县 2014 年和 2015 年两年各级财政安排的支农专项资金，投入农村自然资源利用、农村公共平台（公共设施）建设、村级集体物（经营性）购置、农业产业化发展等方面的情况展开了调查。调查结果显示，2014 年，五个县光伏产业、水力发电、土地综合开发等自然资源类投入达到 11163.36 万元；扶贫资金互助会、扶贫小额贷款贴息、农村饮用水设施等公共平台类建设投入资金达到 12163.9 万元；来料加工场地建设、停车场和农贸市场建设、村集体店面、房产购置等农村集体经营性物业方面共投入 2544.95 万元；投入于农业经营主体和村集体经济组织等用于产业开发的资金达到 17895.76 万元。四类项目资金投入总额达到 4.38 亿元，具体如表 3.2 所示。

2015 年（表 3.3）五个县在这四个类别的财政支农资金的投入比 2014 年（表 3.2）有所增加，四类项目资金投入总额达到 5.73 亿元，其中，农村自然资源类投入为 10748.5 万元，农村公共平台类投入为 14131.77 万元，农村集体经营性物业为 3060.57 万元，农村产业发展类投入达到 29327.96 万元。

表 3.2　2014 年温州市五县财政资金投入情况（单位：万元）

县（市、区）	农村自然资源	农村公共平台	农村集体经营性物业	农村产业发展
平阳	0	2037	630	2150
苍南	1520	1469.46	364	9477.2
永嘉	0	4533	1154.95	593
文成	1514.36	1695.24	336	3054.56
泰顺	8129	2429.2	60	2621
合计	11163.36	12163.9	2544.95	17895.76

资料来源：各县财政局农业科。

表 3.3　2015 年温州市五县财政资金投入情况（单位：万元）

县（市、区）	农村自然资源	农村公共平台	农村集体经营性物业	农村产业发展
平阳	0	2340	480	3440
苍南	3315	2652.75	346	9885.62
永嘉	415	3617.76	733.73	5148.97
文成	156	1657.56	1270.84	8973.37
泰顺	6862.5	3863.7	230	1880
合计	10748.5	14131.77	3060.57	29327.96

资料来源：各县财政局农业科。

第二节　温州市财政支农资金创新扶贫探索案例

　　温州市在体制机制改革与创新的总体背景下，一些地区的扶贫工作多渠道、多方式，不拘一格推进，取得了良好的效果。作者在实地调研的基础上，将其典型案例进行总结，这些案例为温州市确定财政支农资金折股量化扶贫提供了有效的经验借鉴。

案例 1：苍南县藻溪镇兴文村实施光伏项目

2016 年 4 月，该村与浙江莱特创源新能源科技有限公司开展光伏项目合作。苍南农商银行向农户提供"光伏贷"，贷款利息为基准利率上浮 10%。农户自己不掏钱，直接向银行提出贷款 3 万元～ 5 万元。由企业担保发电量和保险公司承保产品质量，确保农户按期还款。公司对每位农户的"光伏贷"提供担保连带责任，在贷款银行设立保证金账户，并在贷款期内质押 10% 的保证金作为保证。在设备未能正常发电或由于天气原因造成发电量不足以偿还本息部分，由公司承担。

公司提供十年免费保修，承诺保证电站 10 年额定功率不低于 90%，10 年至 20 年不低于 80%，并为设备购买了综合保险，其中包括自然灾害险、产品责任险及产品质量保证保险。多重保障以确保电站能够正常运行 20 年。

苍南县电力局直接将电费结算打到银行账户作为还贷款，预计 8 年内还清。在"光伏贷"还款期间，为了让农户提前感受到投资效益，公司每年按装机容量补贴给用户，3 千瓦时补贴 600 元，4 千瓦时补贴 800 元，5 千瓦时补贴 1000 元，连续补贴到贷款还清为止。

每安装 1 千瓦时光伏发电设备，年发电量为 1000 千瓦时，收入约为 1100 元，设备投入需 10000 元 / 千瓦（湖北晶星科技股份有限公司报价）。光伏发电目前并网电价为 1.1 元 / 千瓦时。其中：中央财政补贴 0.426 元 / 千瓦时（国家扶持政策 20 年）、国家电网收购 0.574 元，省政府补贴 0.1 元，不包含市级光伏补贴。

低收入农户可选择安装 3 千瓦时、5 千瓦时等功率的光伏发电设备。其具体投资和收益情况为：① 3 千瓦时，总投资约 3 万元，年均发电量 3000 千瓦时左右，有效使用期 20 年以上，年收益可达 3300 元。② 5 千瓦时，总投资约 5 万元，年均发电量 5000 千瓦时左右，有效使用期 20 年以上，年收益可达 5500 元。

案例 2：泰顺县三魁镇薛内村瑞雪模式

三魁镇薛内村有 222 户 741 人，2010 年村民人均纯收入 5730 元，低收入农户 60 户 198 人，是县内上一轮扶贫重点村之一。2011 年，由薛内村多位在外温商牵头组建，全体村民以土地和资金入股，成立了温州瑞雪农业开发有限公司（以下简称"瑞雪公司"）。瑞雪公司最初注册资金为 360 万元，薛春树等 10 位在外温商以现金入股约 200 万元，薛内村村集体和全体村民将土地经营权折成股本金约 160 万元，按照每人 1000 元至 30000 元不等分别入股，泰商占股 51%，村集体与村民占股 49%。全村共计 7000 多亩土地已全部流转给公司。

加入瑞雪公司的村民获得三部分收益：一是股金，村干部、村民以地入股，在不参与生产的情况下，每年均可获得分红收益；二是租金，公司按其土地流转年限分别给予每亩 300～500 元／年的固定租金回报，且村民可以自主选择以现金提取或重复计入股本；三是薪金，按照多劳多得的分配原则，参与公司生产的农民、技术工可分别获得 100～140 元／天的报酬，月工资达 2500～4000 元，与外出务工人员的工资水平相当。至 2013 年，薛内村人均纯收入达到 12600 元，三年内翻了一番。

案例 3：泰顺村集体入股水电站

泰顺县水电能源开发引来了不少的社会资本，截至 2010 年年底，泰顺县共有 137 座大中型水电站，装机容量达 20.26 万千瓦，相当于新安江水电站四分之一的装机容量，而在 137 座水电站中有 109 座是社会资本投资，占全县总水电站的 80%，共吸引社会资金 9.6 亿多元投资小水电开发，总装机容量达 12 万千瓦，年产值约 1.35 亿元。截至 2015 年年底，全县建成投产的 139 座电站中，80% 以上的电站是股份制电站，2 万多群众从中受益。而三插溪水电站是由 360 个行政村集体资金投入，扶持当地村级经济。以司前村为例，当初司前村投入 15 万元，现在每 5 万元投入每年能分红 5000 元，即年收益率达到 10%。

案例 4：泰顺县贫困户获得扶贫补助资金配股入股扶贫资金互助会

从 2016 年开始，泰顺县在全县范围内推进低收入农户赠股配股工作，要求各村级扶贫资金互助会从财政扶贫补助资金中，提取 10% 作为赠股配股资金，尽可能将低收入农户纳入扶贫资金互助会，让他们享受每年的固定分红。2016 年预计有 200 多万元补助资金。

泰顺县司前畲族镇司前村扶贫资金互助会已经利用 2015 年发放给互助会的补助中抽取一部分资金，按每人 1000 元折股给村里 16 户贫困户（其中 5 户低保户，11 户困难户），然后贫困户自己再出资 1000 元入股该资金互助会。目前资金互助会贷款月利息为 5‰～1%。该资金互助会按 2000 元计划 1 股，每股分红按年收益 7.2% 计算，由此推算，贫困户每年可获得 144 元。

案例 5：扶贫小额贷款入股昌盛食品公司

在苍南县扶贫办、沿浦镇、苍南农商银行的共同努力下，梳理出 8 个村 43 名低收入农户，与温州市昌盛蔬果食品股份有限公司开展金融扶贫合作。企业为农户的爱心卡贷款提供担保，银行将 43 户农户的贷款贷给企业，农户以 5 万元为 1 股入股公司股份。入股后，农户不管企业是否盈利，每年企业为每户农户提供不低于 2000 元的分红，且公司为农户发放不少于 200 元的食品作为年终慰问。爱心卡贷款以一年为限，一年后根据新的重点帮扶对象名单确定爱心卡贷款对象。对于企业来说，通过农户的爱心卡贷款，企业获得银行贷款年利息率为 5.6%，且能享受政府贴息率 3%。使用这笔资金能降低企业贷款利息。

案例 6：平阳县民办扶贫中介为扶贫小额贷款开展投资

在平阳县，温州鸿运农业信息咨询有限责任公司作为扶贫中介，开发了"众爱帮扶"网站和手机应用平台。丧失劳动能力或因病返贫的低收入农户可通过这个平台在线选择扶贫项目，借助扶贫小额贷款开展投资。目前公司开展的首个项目是以入驻"众爱帮扶"平台的扶贫企业为担保，由农商行向低收入农户发放 5 万元"丰收爱心卡"小额贷款，农户再把贷款投入担保企业，按季从企业拿到分红。

利用该中介平台，农户投入企业 5 万元，按年息 9.6% 拿回分红，扣除 1.35% 贷款利率，每年能拿到 4125 元。向低收入农户发放的这笔贷款不占用银行征信总额，使扶贫企业多了一条融资途径。这一模式引入农业龙头企业做担保，化解了原先银行扶贫贷款缺少征信担保，风险难以把控的难题。目前平阳县已有 6 家市级以上扶贫企业入驻扶贫中介参与该项目。首批 21 户低收入农户和平阳县全盛兔业有限公司达成协议，向该企业投入 105 万元贷款，已有 7 笔贷款发放到位。同时，该县正研究财政出资设立风险基金，防止担保企业出险导致农户损失。

案例 7：瓯海联合银行，打造区级投资公司

2016 年，瓯海区计划推进全区 103 个经济薄弱村壮大村集体经济，每个村从银行贷款 60 万元，入股农商银行下属成立的强村发展公司。农商银行贷给村经济合作社贷款月利息为 4‰，村经济合作社入股强村发展公司后能获得每月 6‰ 的保底收益，同时还能获得强村公司的盈利分成。强村发展

公司依托专业团队开展经营。区政府计划为村经济合作社贷款全额贴息，从而使得每个村经济合作社每年能从强村发展公司获得 4.32 万元的保底收益。同时，区财政扶贫资金计划以村股份经济合作社、慈善总会或革命老区促进会为投资主体，通过财政资金折股量化形式注资，产生的利润为低收入农户分红，对低收入农户实行动态管理。

案例 8：泰顺县凤洋村"合作社 + 村集体经济"共同发展

2014 年，为壮大泰顺县凤洋村村集体经济，泰顺县罗阳镇凤阳村经济合作社和泰顺县下洪花木专业合作社合作申报省财政扶持村集体经济发展项目（花卉苗木种植基地改建提升项目）。双方最终申报成功并获批省级财政扶持资金 25 万元。该专项资金用于花木合作社基地基础设施设备项目中的管理房、喷滴灌相关设备的建设费用支出。同时，花木合作社必须从获得省级财政资金扶持的年度起，每年向甲方支付所获得财政扶持资金的 7.2%，计 18000 元收益，用于发展村级集体经济。收益支付期限为 18 年，每年 6 月底花木合作社通过转账方式支付。该花木合作社建在村流转土地上，且合作社与村里签订 25 年的流转合同，到期后所建管理房等基础设施设备均归村里，为财政资金使用后的资产保值奠定基础。

第三节　温州市财政支农资金折股量化机制构建

一、指导思想、基本原则与总体目标

（一）指导思想

全面贯彻党的十八大和十八届三中、四中、五中全会，中央扶贫工作会议精神，深入贯彻习近平总书记系列重要讲话精神，按照全面建成小康社会的总体要求，以低收入农户收入倍增为目标，以改革财政资金使用为突破口，盘活村（组）集体资产（资源），增强扶贫重点村、低收入农户内生动力和发展活力，采取"政府引导、市场运作、低收入农户持续受益"的扶贫模式，建立低收入农户直接受益机制，助力低收入农户增收致富。

（二）基本原则

1. 投向不变，整合资金

在不改变财政支农资金用途的前提下，把支持农业产业发展资金、壮大村集体经济资金、扶贫资金、有一定收益的公共服务设施建设资金，进行整合投入，安排部分由以往一次性无偿补助，改为参与项目投资，其收益量化折股给扶贫对象。

2. 政府引导，市场化运作

政府主导整合财政资金，选择投入项目，按照市场化原则，采取参股、租赁、发包、独立经营等资产运营办法，实现多方共赢。

3. 机制完善，对象精准

建立资金筹集、项目评估、竞争性项目优选、对象核定和退出、权责确定、利益分配、绩效评估、项目终结清算等机制；积极稳妥地将符合条件的重点帮扶对象纳入财政支农项目折股量化的实施范围，激发受益对象的主人翁意识和内生动力，实现折股量化资金的保值增效滚动，有效降低低保兜底的压力，达到精准扶贫的预期目标。

4. 公开公平，规范运行

坚持公开、公平、公正，阳光操作，保障经营主体的自主权和受益者的知情权、参与权、选择权、监督权。政府各相关部门要加强对财政支农资金折股量化时各关键环节的监督指导作用，各项目实施主体接受财政扶贫资金形成的资产后，要进一步加强资产管理、财务管理和经营管理，政府委托持股主体要行使好股东权利，保障项目规范实施。

5. 市县互动，试点先行

市级对试点工作给予必要的指导，及时总结推广各地试点经验，县（市、区）积极主动推动。从 2016 年起，各县（市、区）应至少选择一个主体开展实施，平阳、苍南、永嘉、文成、泰顺等五个县要逐步扩大实施范围。各地要紧密联系实际，拓宽思路，创新方法，探索财政支农资金折股量化项目扶贫新模式。凡有利于推动财政支农资金折股量化的方式方法，都可以积极大胆探索实践。

（三）总体目标

以支农资金形成资产股权量化为载体，构建财政支农资金折股量化扶贫新模式，赋予低收入农户重点帮扶对象更多的财产权利，拓宽缺劳力、缺技术和丧失劳动能力的低收入农户重点帮扶对象持续稳定的增收渠道，调动有劳动能力的重点帮扶对象参与产业化合作开发和生产劳动的积极性，助推低收入农户重点帮扶对象增收致富奔小康。2016 年各县（市、区）开展试点，2017 年争取折股量化帮扶受益低收入农户重点帮扶对象达到 2000 户，2018 年受益面达到低收入农户重点帮扶对象 10% 以上，同时总结经验，扩大推广范围，使该扶贫方式能惠及更多的重点帮扶对象。

二、折股量化对象及参与经营主体界定

（一）折股量化对象界定

财政支农资金折股量化项目将根据不同的扶贫资金项目，从温州市重点帮扶对象库中选择相应范围的折股量化对象。财政支农资金折股量化的对象库不另外建设，而是利用已建好的重点帮扶对象识别库，根据是否具有劳动能力和是否是原 "4600 元以下" 低收入农户两个维度，并将人群分为四类：第一类人群，不具备劳动能力、属于原 "4600" 人员；第二类人群，不具备劳动能力，不属于原 "4600" 人员；第三类人群，具备劳动能力，属于原 "4600" 人员；第四类人群，具备劳动能力，不属于原 "4600" 人员。具体分类如表 3.4 所示。折股量化对象实行动态化管理，每年根据重点帮扶对象识别库人员的不同做出相应调整。

表 3.4　折股量化受益对象分类

分类标准	原 "4600" 人员	非原 "4600" 人员
不具备劳动能力	第一类：不具备劳动能力，属于原 "4600" 人员	第二类：不具备劳动能力，不属于原 "4600" 人员
具备劳动能力	第三类：具备劳动能力，属于原 "4600" 人员	第四类：具备劳动能力，不属于原 "4600" 人员

（二）参与经营主体界定

有乐于扶贫助困的社会责任和担当，且管理规范、运行良好、具有较强的连续盈利能力，能够按章程保障贫困户收益的农民专业合作社、家庭农场、农村集体经济组织、龙头企业、国有企业等，均可成为财政支农项目资产收益扶贫的实施主体。

三、财政扶贫资金范围

财政扶贫资金包括各级财政预算安排扶贫资金及其他涉农资金，如财政扶贫资金、财政特扶资金、山区发展资金、农田水利资金、农业农村社会化服务体系建设和新型农业专项资金、村级物业经济发展资金、挂钩帮扶资金、美丽乡村建设补助资金、山海协作资金等。补贴类、救灾救济类专项资金不纳入财政支农资金折股量化项目实施范围。

四、财政扶贫资金投入折股量化效果测算

（一）年平均投资收益率测算

将 2014 年温州市五个县（市、区）的农村自然资源等四类项目按资金投入情况折算成所占比例计算所得，农村自然资源类、农村公共平台类、农村集体经营性物业类和农业产业发展类的所占比例，分别为 25.51%、27.79%、5.81%、40.89%，如表 3.5 所示。将 2015 年温州市五个县（市、区）的农村自然资源等四类项目按资金投入情况折算成所占比例，可得农村自然资源类、农村公共平台类、农村集体经营性物业类和农业产业发展类的所占比例，分别为 18.77%、24.68%、5.34%、51.21%，如表 3.6 所示。将 2014 年和 2015 年各类项目算平均数作为预测值，得到各项目所占比例分别为 21.69%、26.03%、5.55% 和 46.74%，如表 3.7 所示。

表 3.5　2014 年温州市五县各项目在财政资金投入中占比

项目名称	农村自然资源	农村公共平台	农村集体经营性物业	农村产业发展
所占比例	25.51%	27.79%	5.81%	40.89%

表 3.6　2015 年温州市五县各项目在财政资金投入中占比

项目名称	农村自然资源	农村公共平台	农村集体经营性物业	农村产业发展
所占比例	18.77%	24.68%	5.34%	51.21%

表 3.7　2014—2015 年温州市五县各项目在财政资金投入中平均占比

项目名称	农村自然资源	农村公共平台	农村集体经营性物业	农村产业发展
占比	21.69%	26.03%	5.55%	46.74%

注：根据 2014 年和 2015 年各项目投资比例的平均值计算所得。

根据温州市及其他各地实践经验所得，农村自然资源、农村公共平台、农村集体经营性物业和农村产业发展四类项目直接投入的年平均最低收益率约为 7%、6%、6% 和 8%。结合四类项目，2014 年、2015 年财政资金投入中所占比例运用加权平均数进行推算，可得年平均收益率为 7.15%。计算公式如下：

$$四类项目直接投入年平均收益率 = \sum_{1}^{4} 项目占比 \times 年平均最低收益率$$
$$=21.69\% \times 7\%+26.03\% \times 6\%+5.55\% \times 6\%+46.74\% \times 8\%$$
$$=7.15\%$$

表 3.8　2014—2015 年温州市五县各项目在财政资金投入中平均占比

项目名称	农村自然资源	农村公共平台	农村集体经营性物业	农村产业发展	直接投入平均年收益率
占比	21.69%	26.03%	5.55%	46.74%	7.15%
直接投入年收益率	7%	6%	6%	8%	

（二）户均年收益测算

1.政府支农资金直接投入农户收益分析

按 1 户 2.2 人计算，要想实现户均年收益 3000 元，如果采用政府支农资金直接投入，则每户折股量化对象家庭需投入的资金为 41958 元。计算公式为：

每户折股量化家庭年需资金投入 =3000/7.15%=41958 元

2. 政府资金采用贷款贴息方式投入农户收益分析

如果低收入农户参与银行贷款形式的折股量化项目，政府支农资金采用贷款贴息方式投入，假设政府给予的贷款贴息率达到6%，要实现户均收益3000元，则每户贷款总额需达到41958元，政府给予每户折股量化对象家庭贴息为2517.48元。

3. 投资回报率测算

在不改变用途的情况下，将以往财政支农资金投入四类途径中的10%的资金用于开展折股量化项目试点，假设每年投入四类项目资金总额达到5亿元（2014年、2015年平阳等5县四类项目投入总额分别达到4.38亿元和5.73亿元），其中90%的资金采用直接投资入股形式，10%的资金采用政府贷款贴息方式（贴现率达到6%），按户均收益3000元计算，则受惠的折股量化对象的人数合计为20377户，计算公式如下：

政府直接投资入股受惠人数 =（投入资金总量 × 投资占比 × 年投资回报率）/ 户均年收益 =（$5 \times 10^8 \times 10\% \times 90\% \times 7.15\%$）/3000 ≈ 1125 户

政府贷款贴息受惠人数 =（投入资金总量 × 投资占比）/ 户均年贴息总额
=（$5 \times 10^8 \times 10\% \times 10\%$）/2517.48 ≈ 1986 户

合计折股量化对象受惠人数为：

1125+1986=3111 户

如果想实现折股量化的对象占全市重点帮扶对象总户数的10%，计7114户受益，在不改变原先资金用途的情况下，假设其中10%的资金用于开展折股量化项目，则需要政府直接投入资金总额为29.85亿元。计算公式如下：

政府直接投入资金总额 =（户均年收益 × 受益户数）/ 年投资回报率
=（3000×7114）/（$7.15\% \times 10\%$）≈ 29.85 亿元

如果政府同时采用贷款贴息方式实施折股量化项目，那么达到同样的帮扶效果，政府财政扶贫资金投入总额可以降低。

（三）对温州市低收入群体年收入的带动效应分析

假如所实施的扶贫资金折股量化项目能实现折股量化对象户均3000元、人均1364元的收益，按泰顺县2015年重点帮扶对象家庭人均纯收入5750元计算年收入情况，假设其他收入不变，则能带来家庭人均收入提高

23.72%。具体计算公式如下：

人均收入增长率 =1364/5750=23.72%

可见，对于实施财政支农资金折股量化项目的对象来说，实施财政支农资金折股量化能明显带来家庭收入的提高，且帮扶政策实现精准瞄准，增收致富效果直观可测。同时，通过实施财政支农资金折股量化项目，还能促进受益对象就业创业，获得发展指导，提升内生发展动力。

五、温州市财政支农资金折股量化路径探讨

（一）农村自然资源利用开发类项目途径

1. 可实施折股量化的项目及范围

农村自然资源利用开发类项目是指利用农村现有的自然资源开发的矿产资源利用项目、围垦开垦项目、太阳能风能利用项目、水利设施建设项目等具有一定经济回报的项目。例如，发展光伏产业项目，可因地制宜选择不同的建设模式：一是集中式扶贫光伏电站。充分利用荒坡荒地、沿海滩涂、鱼塘水面、农业大棚等上方架设太阳能电池板建设农光、林光、渔光互补光伏电站以及现有光伏项目扩大装机规模。二是分布式光伏供电系统。以户为单位，优先利用屋面资源建设户用光伏系统，包括低收入农户、村级公共建筑、易地搬迁小区等屋顶光伏扶贫供电系统。又如，利用温州市区位特点，特别是山区具有丰富的水资源，选取水能资源开发条件好，符合流域综合规划和河流水能资源开发利用规划，前期工作完备，技术经济指标优良，财务内部收益率高的新建或在建水电站建设项目，由于市场风险小，收益长期稳定，可实施折股量化项目。

2. 可折股量化的财政支农专项资金

各级政府财政预算安排支农资金，主要是财政扶贫资金、财政特扶资金、山区发展资金、农田水利资金、省光伏小康工程资金、土地整治综合利用资金、新能源建设资金等。投入具有一定经济回报的农村自然资源开发建设项目，其形成的资产可以全部或者部分折股量化低收入农户。

3. 实施折股量化的基本模式

（1）折股量化对象选择及持股主体的确定。受益对象优先从低收入农户

重点帮扶对象库中的第一类、第二类和第三类群体中选择。持股主体一般为政府委托的持股单位，代替政府行使股东权力，其收益量化给低收入对象，并对受益对象定期实行动态管理。但是如果折股量化对象个人资源（如房产、土地、实施等）已投入项目中，也可以将财政投入支农资金直接折股量化给个人。

（2）股份的性质及收益的分配方式。财政投入此类项目的资金，可以通过普通股或优先股形式享受权益。收益分配可根据项目具体情况制定相应的分配方式，如"盈利分红""固定回报""固定收益＋分红""价格补贴＋分红"等。需要项目实施主体和政府委托的持股单位双方协商加以确定，所确定的年收益率一般需要不低于7%。

（3）股份的退出及清算。在双方商定合作到期后，按协议规定退出，并进行清算，如有剩余资产，持股单位应行使股权予以收回；如个人持股，其剩余资产归个人所有。如遇特殊情况项目未到合作期限需要终止，双方按公司法或者折股量化相关配套政策的规定予以退出和清算，要确保持股方的利益。

4.路径特点分析

农村自然资源利用开发类项目路径的优点是财政支农资金投资能获得长期较为稳定的收益，受市场的影响比较小，且项目实施帮扶对象参与度低，不会受到是否有劳动能力的影响。该路径也存在未来政策的不稳定性，一旦国家取消价格补贴或价格下调，对项目的经济收益会有较大影响，进而对折股量化受益对象的收益产生一定影响，使精准扶贫效果递减。

（二）农村公共设施平台建设类项目途径

1.可实施折股量化的项目及范围

农村公共设施平台建设类项目是指投入建设农村公共设施平台类项目，如促进资金互助组织发展项目、农村金融扶贫项目、饮用水处理设施建设项目、农产品交易市场建设项目、农产品储存库建设项目、县级投资平台统一运作项目等。例如，发展资金互助组织项目，可从财政扶贫补助资金中提取一定比例作为赠股配股资金分配给低收入农户。又如，发展金融扶贫项目，帮助有贷款意愿但无经营能力的重点帮扶对象，利用爱心卡贷款入股龙头企业或合作社，使重点帮扶对象获得稳定保底收益。县级投资平台统一运作项目能集中财政资金优势在县级范围内推进扶贫帮扶工作。

2. 可折股量化的财政支农专项资金

农村公共设施平台建设类项目可折股量化的财政支农专项资金有扶贫资金互助会补助资金、扶贫小额贷款贴息补助资金、互助会补助和奖励省特扶资金、农业农村社会化服务体系建设和新型农业专项资金、农村饮用水项目省特扶补助资金、省市县农村饮水安全资金、农村饮用水建设资金、山区经济发展资金（省补）、财政扶贫资金等。

3. 实施折股量化的基本模式

（1）折股量化对象选择及持股主体的确定。通过这种途径实施折股量化的项目，其受益对象优先从低收入农户重点帮扶对象库中的第一类、第二类和第三类群体中选择。持股主体一般为政府委托的持股单位，代替政府行使股东权力，其收益量化给低收入农户，并对受益对象定期实行动态管理。

（2）股份的性质及收益的分配方式。财政投入此类项目的资金，可以通过普通股或优先股形式享受权益，根据项目实施情况制定具体的分配方式，如"盈利分红""固定分红"等。此类项目需要项目实施主体和政府委托的持股单位双方协商加以确定，所确定的年收益率一般需要不低于8%。

（3）股份的退出及清算。在双方商定合作到期后，按协议规定退出，并进行清算，如有剩余资产，持股单位应行使股权予以收回。如遇特殊情况项目未到合作期限需要终止，双方按公司法或者折股量化相关配套政策的规定，予以退出和清算，要确保持股方的利益。

4. 路径特点分析

农村公共设施平台建设类项目路径投资收益较为稳定，项目受益对象可覆盖不具备劳动能力的重点帮扶对象，并能够充分挖掘互助组织、利用金融杠杆等带动重点帮扶对象增加收入。

（三）农村集体经济物业类项目途径

1. 可实施折股量化的项目及范围

农村集体经济物业类项目是指财政支农资金投资于村集体经济物业类

项目，如村集体经济组织购买店铺、建设来料加工场地、停车场等农村经营性集体物业，从中选择市场风险小、收益长期稳定的项目用于实施折股量化。

2. 可折股量化的财政支农专项资金

农村集体经济物业类项目可折股量化的财政支农专项资金有财政扶贫资金、农贸市场技术改造资金、村级物业经济发展资金、省特别扶持项目补助资金、挂钩帮扶资金、美丽乡村建设补助资金、农村基础设施建设项目省特扶补助资金、山海协作资金等。

3. 实施折股量化的基本模式

（1）折股量化对象选择及持股主体的确定。通过农业集体经济物业类途径实施折股量化的项目，其受益对象优先从低收入农户重点帮扶对象库中的第一类、第二类和第三类群体中选择。持股主体一般为政府委托的持股单位，代替政府行使股东权力，其收益量化给低收入对象，并对受益对象定期实行动态管理。

（2）股份的性质及收益的分配方式。股权形式可以是普通股或优先股。收益分配可以根据项目的具体情况协商制定，但年收益率一般不会低于6%。

（3）股份的退出及清算。村集体中所有重点帮扶对象均稳定脱贫后，则优先股转为一般股，平均折股量化全体村民，实行同股同权。如遇特殊情况项目未到合作期限需要终止，双方按公司法或者折股量化相关配套政策的规定，予以退出和清算，要确保持股方的利益。

4. 路径特点分析

壮大村级集体经济的强村计划已得到各级党委、政府的高度重视，农村集体经济物业类项目路径能将财政支农资金折股量化项目与壮大村集体经济相结合，正契合温州目前各县（市、区）正在开展的三年内消除集体经济薄弱村、空壳村的发展，且势头较好。

但该途径的缺点是，政府不能作为直接投资主体参与项目运作，只能通过投向村集体经济组织或其他主体等形式，较难在全县范围内实现受益对象的滚动管理。同时，由于需要顾及政府资金的保值增值，一般会投资于低风险的项目，而投资收益往往与投资风险成正比，所以投资收益率往往会不高（一般在6%～8%）。

（四）农业产业发展类项目途径

1. 可实施折股量化的项目及范围

农业产业发展类项目是指利用财政支农资金投入种养（殖）业、现代都市农业、生态循环农业、休闲观光农业等产业的农民专业合作社、农业企业、村集体经济组织等，选取收益高的项目实施开展折股量化。项目实施主体选择连续3年实现赢利的经营主体。

2. 可折股量化的财政支农专项资金

农业产业发展类项目可折股量化的财政支农专项资金有现代农业园区建设资金、省级山区经济资金、扶贫农业产业化资金（中央、省、县）、省农民专业合作社和家庭农场发展资金、省财政扶持村级集体经济资金、农家乐休闲旅游发展省补助资金、省特别扶持资金等。

3. 实施折股量化的基本模式

（1）折股量化对象选择及持股主体的确定。通过农业产业发展类途径实施折股量化的项目，其受益对象从低收入农户重点帮扶对象库中的第三类、第四类群体中选择。受益对象优先选择就业创业意愿强烈、有一定技能和就业创业基础的、有劳动能力的低收入农户。持股主体可以是政府委托的持股单位，其收益量化给低收入对象，并对受益对象定期实行动态管理。但是如果折股量化对象个人资源（如房产、土地、实施等）已投入项目中，也可以将财政投入支农资金直接折股量化给个人。

（2）股份的性质及收益的分配方式。股权形式可以是普通股，也可以是优先股。收益根据分红期限长短和项目本身的盈利情况加以协商制定。为确保贫困户享受保底分红，政府可设置缴纳履约保证金，按期缴纳。履约保证金由项目所在乡镇人民政府负责收缴并监督管理。履约尽责不到位的，作为不诚信单位列入负面清单。

（3）股份的退出及清算。折股量化的对象因生活状况明显改善而退出重点帮扶对象名单后，不再享受配股收益，政府重新选择新的折股量化对象名单，收益分红由新对象享受。如果所有重点帮扶对象均稳定脱贫后，则优先股转为一般股，平均折股量化给全体村民（企业股东或合作社社员），实行同股同权。如遇特殊情况项目未到合作期限需要终止，双方按公司法或者折股量化制定的相关配套政策的规定，予以退出和清算，要确保持股方的利益。

4.路径特点分析

财政支农资金投资于符合国家产业政策的产业园区、乡村旅游、特色农业等成长性较好的农业产业平台，能够推动农业经营主体的健康发展，确保实现生态价值、经济价值、社会价值、旅游价值最大化。建立低收入农户与农业龙头企业、农民合作社、家庭农场等利益联结机制，有助于带动低收入农户实现就业创业，同时也能推动低收入农户以自有资金、土地等资源入股农业经营主体，进一步扩大低收入农户资产范围，解决农业经营主体土地承租过程中的管理纠纷问题。

但是财政扶贫资金入股产业经营主体，具有高风险、收益不稳定等特点，一旦项目实施主体经营不善或倒闭，不但难以分红，政府投入的本金都有可能有去无回。因此，建议引入保险公司，保障低收入农户稳定收益。由项目实施主体拿出一定比例的财政支农资金入保，一旦其经营不善甚至破产，由保险公司来"兜底"。另外，当地政府还应该用财政补贴的方式，支持参与产业扶贫的合作社（农业企业）购买农业保险，以分散风险。

六、实施程序与监督机制

（一）实施程序

1.开展宣传动员

县（市、区）财政、扶贫部门要积极开展财政支农资金折股量化项目的相关政策宣传，加强对组织和参与实施的工作人员、镇街干部、村社干部、项目实施主体等相关人员，开展政策和业务培训。

2.选择项目及主体

政府相关部门选定所实施的项目后，可通过公开招投标、项目申报等形式选定项目实施主体。

3.制定折股量化方案

县（市、区）主管部门和乡（镇）街道结合财政支农资金折股量化项目特点以及相关政策要求，负责指导实施主体制定《财政支农资金折股量化实施方案》。方案内容应包括：①实施项目总体情况；②实施项目资金筹措情况；③实施项目预计收益情况；④财政投入支农资金形成资产的折股数量、股权性质、收益分配方式；⑤财政资金折股后持股单位或个人的确定情况；⑥受益对象的选取以及量化数量；⑦双方合作期限；⑧股权退出以及清算办法。股权量化方案制订后须报县（市、区）主管部门审核同意，批准实施。

4. 明确折股量化对象

财政扶贫资金实施折股量化项目时，根据不同的折股量化途径，在重点帮扶对象库中选择不同类别的受益对象。受益对象根据不同的折股量化模式实行分类管理和动态调整。

5. 项目实施

项目审核批准后，县（市、区）主管部门要与项目实施主体、财政资金持股主体签订协议书，明确双方的权利和义务，把《财政支农资金折股量化实施方案》中的各项内容予以固定和明确。财政部门要及时拨付支农资金，督促项目实施主体按进度保质保量完成，加快财政资金发挥绩效。

6. 档案管理

实施主体做好全过程文件资料的收集整理和归档工作，确保档案资料齐全完整。

（二）完善监督机制

财政支农资金折股量化工作全程公开、阳光操作，从财政扶贫资金分配、项目筛选、受益对象确定、项目执行结果以及绩效评价等全过程信息公开。各级审计、监督部门对项目执行全过程进行监督，防止可能出现的腐败现象。政府委托持股单位要认真负责，积极行使股东权力，及时了解项目实施动态，切实维护受益对象的经济回报。同时积极引入第三方监督，强化"二代表一委员"，委托专家、中介机构以及社会公益组织等第三方机构进行监督。项目完成后要进行绩效评价。

七、激发受益对象的劳动与创业积极性

开展财政支农资金折股量化工作，必须加大对受益对象的宣传力度，引

导其树立正确的人生观、事业观、创业观，彻底摆脱向政府"等、靠、要"的懒惰思维和长期形成的贫困文化，防止陷入贫困代际传递的陷阱，使下一代能够以阳光的心情、健康的心态，投入脱贫致富的行动之中。

（1）把财政支农资金折股量化工作与受益对象的培训相结合。引导合作社等项目实施主体为受益对象提供技术指导和销售、加工技能培训，举办多种形式的产业技术培训班和现场观摩会，加强受益对象实用技术培训，提高受益对象的劳动技能水平，增强受益对象内生发展动力。

（2）把财政支农资金折股量化工作与受益对象的劳动投入相结合。针对有劳动能力的受益对象，将分享收益的权利与劳动挂钩，引导龙头企业和合作社等项目参与主体为受益对象提供劳动机会。可在产业类项目实施过程中，探索将低收入农户获得的折股量化收益与受益对象向企业交售的农产品和务工收入为基数，按照比例分别奖励。

（3）把财政支农资金折股量化工作与受益对象的发挥创业能力相结合。鼓励受益对象参与合作社、农业企业等项目实施主体的经营项目，实现共同创业，进一步提高受益对象的收益水平。

（4）把财政支农资金折股量化工作与受益对象细碎、分散、沉睡的各种资源要素整合相结合。鼓励折股量化对象依法自愿流转土地经营权，以土地、房屋、农业设施、林地、林木、自有资金等资产作价入股，按股分享经营收益。

八、保障（配套）推进措施

（一）加强组织领导

各级政府对财政支农资金折股量化帮扶试点工作负总责，做好组织协调和统筹安排。扶贫部门负责指导建立低收入农户重点帮扶对象数据库，并实现动态管理。财政部门负责会同农口部门抓好资金筹集和整合。其他部门要根据各自职责，做好配合工作。

（二）加大目标考核力度

各地根据支农资金规模、投入方向和扶贫工作任务及财政资金量化折股帮扶项目的特点，提出年度目标任务，明确资金额、受益低收入农户重点帮扶对象、增收目标等具体任务。将财政扶贫资金量化折股帮扶试点工作纳入精准扶贫考核内容，推动更有效地筹集资金，落实项目，促进低收入农户重点帮扶对象增收和增强发展能力。

（三）强化要素保障

对财政支农资金折股量化项目扶贫实施工作开展好的县（市、区），市财政在扶贫资金以及其他涉农专项资金的分配上，作为一个重要的分配因素，引导县级财政支农资金整合投入折股量化帮扶。引导信贷资金、保险资金加大对支农资金折股量化实施项目主体的支持。对项目实施主体在土地流转、建设用地安排、示范项目建设补助等方面给予重点支持。

（四）完善责任追究和容错机制

明晰参与试点工作的政府部门单位、国家工作人员的职责，对徇私舞弊、人情扶贫、暗箱操作而造成财政资金流失和侵害受益者利益的追究有关单位和工作人员的责任；对按规定程序操作，公开透明，没有主观故意，但由于自然风险、市场风险、经营风险导致没有达到预期目标的，要允许发生一些错误和失误。

（五）构建风险防范机制

财政支农资金折股量化实施项目具有一定的风险性，尤其是第四类路径的发展农业产业类项目，由于受灾害、疫病、市场等因素影响较大，具有较高风险，因此必须建立与之相适应的多层次风险防范机制。以政府为主导，建立风险补偿机制，对出险项目进行适度补偿。建立农业再保险机制，以进一步推动社会保险机构扩大对农业产业保险范围，使实体项目抗风险能力不断提升。

第四节　温州市财政支农资金折股量化扶贫试点工作实施意见

经过本书作者与温州市农业农村局及温州市财政局相关工作人员多轮沟通协商，最终温州市扶贫老区工作办公室、温州市财政局出台了《温州市财政支农资金折股量化扶贫试点工作实施意见》（温扶办〔2017〕5号），其主要内容如下。

一、目的和意义

实施财政支农资金折股量化扶贫试点，是在不改变支农资金用途的前提下，以支农资金投入项目所形成资产股权量化为载体，构建财政支农资金扶贫新模式。同时，赋予低收入农户更多的财产权利，拓宽缺劳力、缺技术、缺资金、缺信息的低收入农户持续稳定的增收渠道，激发他们参与产业化合作开发和生产劳动的内生动力，助推低收入农户增收致富。

二、基本原则

（一）县级为主，试点先行

各县（市、区）政府是财政支农资金量化折股扶贫试点工作的主体，应结合本地实际，积极主动推动试点工作。市级扶贫办、市财政局对试点工作给予指导。

（二）完善制度，大胆探索

各地要坚持精准扶贫方略，拓宽思路，创新方法，积极探索财政支农资金折股量化扶贫新模式，并形成制度总结推广。

（三）公开公平，自愿参与

坚持公开、公平、公正的原则，阳光操作，保障低收入农户的知情权、参与权、选择权、监督权，保障参与单位的自主经营权。

（四）市场运作，多措并举

坚持市场导向，发挥市场在资源配置中的决定性作用。从实际出发，尊重历史，兼顾现实，分类实施。采取参股入股、租赁、发包、独立经营等资产运营方式，实现赢利增值。

三、主要目标

从 2017 年起，每个县（市、区）开展财政支农资金折股量化试点工作，选择 1～2 个项目先行试点，总结经验，条件成熟后全面推开。全市带动 1500 户以上低收入农户增收致富，户均年增收 2000 元以上。争取有条件的低收入农户通过 3～5 年持续发展达到农村居民的平均收入水平。

四、受益对象与实施主体的基本要求

（一）受益对象

受益对象应遵规守纪，诚实守信，无吸毒贩毒打赌等违法行为，自愿参与、主动接受财政支农资金折股量化扶贫方式，与经营主体形成利益联结体，并通过自己的劳动进一步提高收入。对于不需要受益对象投入土地、劳动、资金等资源的项目，每年根据其家庭收入变化实行动态管理。

（二）实施主体

实施主体可以是农民专业合作社、家庭农场、农村集体经济组织、龙头企业、国有投资主体及有意愿参与扶贫的其他经营主体等，有乐于扶贫助困的社会责任和担当，且管理规范、运行良好、具有较强的盈利能力，诚实守信，切实保障低收入农户的收益。

五、折股量化的方式方法

（一）参与折股量化的资金范围

参与折股量化的财政支农资金包括各级财政预算安排扶贫资金及其他涉农资金、挂钩帮扶资金，但补贴类、救灾救济类专项资金不纳入财政支农资金折股量化项目实施范围。

（二）折股量化形式

根据受益对象是否有土地、劳动力、资金等资源投入，分为两种形式。

（1）单一利用政府支农资金或挂钩帮扶资金投资于第三方实施主体的项目，所形成的资产折股给政府委托持股主体持有，按照动态管理的原则，收益量化给低收入农户。

（2）低收入农户利用土地、农房、资金、劳动力等资源入股，财政资金投资于项目实施后所形成的资产直接折股量化给受益对象持有。

（三）具体途径

各县（市、区）可结合各地实际情况，从中选择市场风险小、收益长期稳定的项目用于实施折股量化。

（1）财政支农资金投入利用土地、风、水、电、农村新能源等农村自然资源开发类项目。

（2）财政支农资金投入农村金融、饮用水、农产品交易市场、农产品仓储等公共服务平台建设项目。

（3）财政支农资金投入购买店铺、来料加工场所、停车场等农村经营性集体物业项目。

（4）财政支农资金投入开发种养（殖）业、现代都市农业、生态循环农业、休闲观光农业、乡村旅游业等产业化发展项目及其他扶贫开发产业项目。

（5）财政支农资金投入可以产生效益的其他项目。

六、收益分配及资产处置

折股量化资金可以采取普通股的形式入股经营主体，低收入农户与企业共担风险，并按股权获得分红；或以优先股形式入股经营主体，享有固定收益和一定分红，不参与企业决策和承担企业风险。两种入股形式具体分配方案及合同期满后的入股资产处置方案依据项目实施主体、项目内容的具体情况，由相关主体协商并以协议的方式加以确定。具体分配方案可采取"盈利分红""固定回报""固定收益＋分红""价格补贴＋分红"等形式，一般要求实施折股量化的项目年收益率达到 5% 以上，并建立健全收益保底机制，保障低收入农户尽快获取收益并在项目持续期内拥有稳定合理的回报。

七、工作程序

（一）制定实施方案

县（市、区）制定折股量化帮扶的实施方案，重点明确资金筹集、项目选择、利益分配、帮扶对象筛选等具体内容和要求。

（二）项目申报

按照公开、公平、公正原则，发布项目申报公告，明确申报条件、申报时间、受理单位、承担义务和政策支持等具体要求。

（三）项目审批

由县（市、区）扶贫、财政部门牵头，组织相关部门，对经乡镇政府集体研究的申报项目，进行择优评选。经县级财政、扶贫公共信息平台公示无异议，发文公布合作对象和项目，县级财政、扶贫和乡镇政府与合作单位及受益的低收入农户或代表其利益的主体签订合作协议。

（四）项目实施

各方按照合作协议抓好项目实施，县级财政、扶贫部门及时下达补助资金，实施主体及时履行帮扶义务，按时支付折股收益。

八、监督机制

（一）公开、公示机制

从参与折股量化的财政支农资金分配、项目筛选、受益对象确定、项目执行结果以及绩效评价等全过程在县（市、区）扶贫、财政、乡镇政府网站和项目所在地进行公示。股权量化方案、决议和台账需报所在地乡镇人民政府和县（市、区）主管部门备案，并建立折股量帮扶项目年报制度。

（二）部门监督机制

县（市、区）扶贫、财政和相关部门负责对实施主体的资格审查，加强项目资金使用的监管，加强对项目实施主体经营状况及财务状况的监督，保障资金安全及受益对象的利益。

（三）第三方评估机制

县（市、区）委托第三方，开展折股量化资金使用绩效评估。评估结果作为精准扶贫考核和扶贫资金分配的重要因素之一。

九、保障措施

（一）加强组织领导

市级层面和各县（市、区）有关部门要加强领导，密切配合，协调推进资产收益扶贫工作。县（市、区）对本地财政支农资金折股量化扶贫工作全面负责，统筹协调，周密部署，落实工作职责和相关工作人员，积极开展工作。对各地开展财政支农资金折股量化帮扶试点工作态度消极、进展滞后、绩效差的，给予扶贫考核扣分。

（二）强化要素保障

市财政安排一定数额试点专项奖励资金（可包含结对挂钩帮扶资金）对折股量化帮扶工作开展好、投入大的县（市、区）给予重点支持；各县级财政积极整合支农资金，在不改变用途的情况下，积极实施折股量化扶贫项目。引导信贷资金、保险资金加大对支农资金折股量化实施项目主体的支持。各地对项目实施主体在土地流转、建设用地安排、示范项目建设补助等方面给予重点支持。

（三）明晰工作责任

参与试点工作的部门单位、国家工作人员，徇私舞弊、人情扶贫、暗箱操作而造成财政资金流失和侵害受益者利益的，追究有关单位和工作人员的责任；对按规定程序操作，公开透明，集体研究确定，没有主观故意，但由于自然风险、市场风险、经营风险导致没有达到预期目标的，按照《温州市改革创新容错免责办法（试行）》给予免责。

（四）构建风险防范机制

经营主体不得将资产收益扶贫项目投资形成的资产作为抵押资产，对运营方出现经营不善导致破产或不履行分红协议的可按照法律程序，优先保障低收入农户的资产受益权。有条件的地方要建立与之相适应多层次的风险防范机制，对出险项目进行适度补偿。

第四章　温州市折股量化扶贫实施历程

第一节 市级层面实施历程

一、从摸着石头过河到全面铺开

温州市财政局以 2015 年全省推进财政支农体制机制改革为契机，首次提出了以财政资金折股量化帮扶低收入农户的精准扶贫新思路。经过一段时间的调研和谋划，温州市财政局会同温州市农业农村局扶贫办在 2016 年着手开展这项工作，先是会同专家组开展了折股量化扶贫课题调研，后出台了实施意见，并召开全市工作推进会，试点工作正式启动。

2017 年是温州市财政支农资金折股量化扶贫试点第一年，温州市财政局安排了折股量化试点资金 450 万元，择优选取了瓯海、洞头、永嘉、苍南、泰顺五县的试点项目。但是试点一年来，项目进展并不理想，因为项目收益低或无法实施，因此各地积极性也不高。当时各地普遍做法都是扶贫资金直接投入经营主体，因担心这种运营模式风险高，基层干部普遍存有畏难心理。

当时试点工作已是全市性推开，如箭在弦不得不发，于是温州市财政局和温州市农业农村局相关领导决定将此事进一步做深做实。2018 年在总结经验教训后，两部门开始思考如何破解遇到的难题。当时正值《浙江省委办公厅、浙江省人民政府办公厅关于实施消除集体经济薄弱村三年行动计划的意见》（浙委办发〔2017〕60 号）发布，文件指出，未来 3 年内浙江省将全面消除集体经济年收入低于 10 万元的薄弱村，经济发达县所有村年经营性收入达到 5 万元以上。为了完成这一任务，浙江省要求各级加大对薄弱村的扶持力度，整合现有扶持新农村建设与公益事业发展资金项目，统筹安排相关财政资金，支持村级集体经济发展，并加大对村级组织运转、村级公共事业和基础设施建设转移支付力度。

温州市以此为契机，提出了以财政资金通过村集体经济投入后形成资产再折股量化给低收入农户，实现村集体经济和低收入农户双增收的折股量化新模式，并在全市动员全面推进试点工作。2018 年，温州市财政局安排折股量化资金 350 万元，支持苍南和泰顺两县开展试点工作，按照新的模式推动，成效明显，其中苍南县莒溪镇溪东村精品民宿项目就是经典案例。2019 年，温州市财政局又安排了折股量化资金 100 万元，支持平阳县的麻步镇生猪养殖折股量化项目。

总结 2017—2019 三年试点情况，虽然从明面上看，温州市级财政支农资金折股量化试点项目的补助资金越来越少，从 450 万到 350 万到 100 万，但是各地试点的积极性越来越高，全市折股量化试点项目总投入逐年攀升，项目的规模和成效也越来越明显，项目谋划也越来越成熟。2019 年 6 月 30 日，温州全市已研究部署 110 个财政扶贫资金折股量化扶贫项目，共投入折股量化扶贫资金 1.8 亿元，撬动各种社会资本总投入达到 3.5 亿元。截至 2021 年年底，温州全市累计实施折股量化项目 306 个，投入各级财政资金 7.5 亿元，撬动社会资本 6 亿元，惠及低收入农户 5 万余人。

二、温州市折股量化扶贫改革试点三大特性

（一）改革推进难

温州市是浙江省第一个推进资产收益扶贫试点的地级市，温州市在推进财政支农资金折股量化扶贫试点改革过程中，浙江省尚未出台相关的政策意见，省内也没有其他可以参考借鉴的经验，需要摸着石头过河。首先需要引导和鼓励各试点地区的基层干部了解财政支农资金折股量化的相关政策，熟悉如何操作，并需要帮助解决实际运作中遇到的困难和问题；其次还需要解决基层干部的畏难情绪，因此改革推进的过程较为艰难。

（二）试点示范效果明显

从 2017—2019 三年试点，温州市级财政补助逐步减少，但是各地试点项目和投入却逐年大幅度攀升，试点示范效果明显。截至 2019 年 6 月 30 日，温州全市已研究部署 110 个财政扶贫资金折股量化扶贫项目，充分利用中央、省、市、县等各级财政资金 1.8 亿元，撬动 3.5 亿元社会资本投入折股量化扶贫项目，各地的折股量化项目从一枝独秀到遍地开花。

（三）着重解决了扶贫资金使用和管理的三大难题

（1）解决了扶贫资金效益低的问题。传统的扶贫资金投入基础设施的多，或者直接补助给扶贫对象，低收入农户发展自身动能不足，对扶贫产业的投入不足，而折股量化能带来长期稳定的效益，而且能带动村集体经济和低收入农户共同增收。

（2）解决了扶贫资金难使用的问题。为了引导各地把扶贫资金更多地投

入扶贫产业发展，省级扶贫资金管理办法规定70%以上的资金要重点支持用于促进扶贫对象增收和增强自我发展能力等方面的支出。而传统的扶贫产业项目很局限，也很不稳定，这就造成了扶贫资金难分配、拨付率低的新问题。而折股量化为扶贫资金使用找到了一条更好的途径，既支持扶贫产业，又能带动低收入农户增收。例如，温州市苍南县在2018年全面推进折股量化扶贫改革后，扶贫资金的及时性、分配率和拨付率都是全市第一。

（3）解决了扶贫资金难以监管的问题。扶贫资金一直以来都是各级审计、纪检监察部门的重点关注领域，而目前基层扶贫力量普遍严重不足，扶贫对象多，难以监管到位，这也是为什么试点初期各地积极性不高的原因之一。而折股量化新模式通过村集体来投入，资产由村集体来持有和管护，重大决策都通过村民代表大会集体表决，真正实现了全员参与监督，很好地弥补了职能部门的监管盲区，保障了扶贫资金长久发挥效益。

第二节　县级层面实施状况

本书着重选择介绍温州市苍南、泰顺、平阳、洞头等试点地区推进折股量化扶贫试点的主要经验。

一、苍南县折股量化试点工作实施情况

截至2019年4月，苍南县低收入农户约2.3万户，其中85%以上因病因残完全或部分丧失劳动能力，带动这部分群体增收相对较为困难。为破解低收入农户增收难题，苍南县创新实施财政专项扶贫资金使用新模式——折股量化扶贫项目。在各级领导的关心和支持下，苍南县扶贫折股量化工作取得了一定的社会效益和经济效益。2019年1月15日，浙江省人民政府省长袁家军对此做法予以充分肯定，并做出"苍南折股量化做法值得总结"的批示。

（一）折股量化工作总体情况

（1）折股量化实施基本情况。自2019年折股量化项目推出以来到2020年6月底，苍南县谋划实施了31个项目，共投入折股量化扶贫资金7205.4万元，撬动社会资本总投入3.3亿元。项目涵盖乡村旅游民宿、农家乐、小微园、农贸综合市场等类型，共带动受益2000多户低收入农户，户均增收

2000 元以上。同时，加强折股量化项目制度建设，出台了《苍南县财政支农资金折股量化扶贫试点工作实施方案》《苍南县财政支农折股量化项目资金管理办法》《苍南县财政扶贫资金折股量化项目收益分配管理办法（试行）》等制度。

（2）项目评选及风险防范。在项目评选上，苍南县严格依照"村申报、乡镇初审、部门评审"的程序，选择优质扶贫折股量化项目。村集体经济组织选择符合自身发展的折股量化产业项目，采取民主公开方式，通过"五议两公开"等形式确定申报，并录入项目库。乡镇对项目建设内容、规模、投资计划等进行初审，并对项目前期涉及用地、规划、环境保护等需要审批事项进行确认，符合要求的项目在项目库中提交给部门。主管部门组织扶贫、农业、审计等行业专家，通过实地查看、评审会审议等形式，遵照风险可控、效益优先、形成资产等原则，审核项目的可行性，确保产业扶贫项目发展可持续。对于通过的项目下达正式的实施计划，对于还需要完善的项目转入项目储备库。除择优选择投资项目外，为防范投资风险，苍南县还采取以下措施：一是在项目合作方上，尽可能选择治理结构完善、财务管理健全、经营状况良好的国有企业，并由国有企业提供保底收益或稳定的租金收益；二是在签订协议时，双方要权责明确，在合作期限、参股方式、收益分配、风险承担、违约处罚、资产处置、退出机制等事项做好约定，最大限度地规避风险，做好源头风险范控；三是聘请第三方机构对折股量化项目进行绩效评价，及时发现问题予以纠正。

（3）精准利益联结。苍南县出台《苍南县财政扶贫资金折股量化项目收益分配管理办法（试行）》，规范折股量化项目后续收益分配管理，折股量化项目实施后，给村集体、村民业主和低收入农户带来实实在在的利益：一是每年固定收益，村集体股份经济合作社与村民业主都能获得经济效益。二是每年解决许多当地有劳动能力的低收入村民就业，促进志智双扶，培养低收入农户独立自主的能力。三是项目经营收入，包括产品销售、餐饮、交通服务等，每年为当地村集体、村民带来收入。四是带动其他项目投资建设，如带动了环境整治、道路修建、城镇公共基础设施等建设。

（二）存在问题

（1）在选择扶贫折股量化项目时，为了保障扶贫资金的安全，选择物业类的折股量化项目较多，选择结合乡村产业发展项目偏少。财政扶贫资金折股量化模式要实现扶贫资金经济效益和社会效益的最大化，必须找准乡村产业发展项目。

（2）扶贫折股量化工作机制还不完善。财政资金折股量化扶贫项目能够顺利推进落地，需要协调多方面的人事物，特别是在项目论证评审、资源对接、资金筹措、项目报批、工程建设、项目管理等方面需要协作才能完成，因此需要一套完善、高效的相关工作协调机制。

（3）扶贫折股量化项目管理精细化、信息化还不够。随着财政扶贫资金折股量化项目的增多，迫切需要建立全流程精细化项目管理。如果按照传统的人工管理模式，项目管理的难度会成倍增加，必然会出现纰漏。

（4）个别扶贫折股量化项目论证可行性还不够充分，对项目在实施过程中可能出现的问题估计不足，导致项目在执行中迟缓，项目完成后达不到预期效益。

（三）下一步工作对策

苍南县折股量化下一步主要做好以下工作。

（1）在选择折股量化项目时，鼓励申报乡村产业项目，并在项目评审时优先考虑结合乡村产业发展的项目：一要发挥当地的资源优势，把资源优势变成经济优势的产业项目；二要符合当地产业发展导向，选择地方政府优先支持发展的产业项目；三要眼睛向外、借势借力，要向大企业、大项目寻找乡村产业合作机会。

（2）邀请一些专家对已实施折股量化项目进行调研，设计出一套折股量化项目规范化流程，明确各部门、各环节的职责分工，最终能够形成"县级引导、乡镇主导、乡村（农户）主体"的工作格局。

（3）要采取信息化的管理模式，建立县一级的折股量化项目数据库，及时跟踪项目实施情况，实行定期更新、动态管理，清楚掌握项目实施进度、取得效益及低收入农户受益情况。

（4）要强化风险防控，坚持问题导向，增强风险意识，及时发现和纠正折股量化工作中出现的苗头性问题，杜绝出现系统性风险。

二、泰顺县财政资金折股量化扶贫试点工作实施情况

低收入农户增收一直是泰顺县脱贫攻坚工作的薄弱环节，也是全面建成小康社会的重点和难点，泰顺县财政资金折股量化项目致力于创新扶贫开发路径，在增强造血功能和提升自我发展能力上下功夫，通过村级集体经济组织带动低收入农户增收项目、光伏小康工程发电项目、村扶贫资金互助会折

股量化项目等，带动村集体经济和低收入农户增收稳定提升。

（一）泰顺县折股量化扶贫项目管理情况

（1）建立扶贫资金监管机制。泰顺县相继出台《泰顺县财政专项扶贫资金和项目管理办法》（泰财农〔2018〕1127号）、《泰顺县财政专项扶贫资金和项目之村级集体经济组织（经营主体）带动低收入农户增收项目实施细则（试行）》（泰财农〔2019〕359号）、《泰顺县财政资金折股量化扶贫项目收益管理办法（试行）》（泰财农〔2019〕498号）、《泰顺县光伏小康电站验收管理办法》（泰财农〔2019〕714号）、《泰顺县"光伏小康工程"收益分配实施方案（试行）》（泰财农〔2019〕715号）等文件，进一步完善财政扶贫管理体系，推动各项财政扶贫政策措施落地落实。

（2）建立县级财政项目信息管理系统。依托"数字财政"，完成"泰顺县财政资金项目信息管理系统"建设工作，成功建立扶贫项目库，有效防止"暗箱操作"，有利于项目申报公平、公开、公正，并实现全社会监督。扶贫项目库实行动态管理，对部分长期处于"僵尸"状态的单位将做退库处理，强化项目储备，使"钱等项目"向"项目等钱"转变，不断提高项目和资金的科学化、精细化管理水平。

（3）强化项目精准管理。严格控制项目准入，保证项目质量，所有提报项目均经过县级的严格筛选，优中选优。申报入选的项目需经专家实地勘察、审核、评审、公示、审定、备案6道关，并根据村低收入农户人口数、上年扶贫开发工作完成情况等因素，精准安排。

（4）加强项目绩效管理。将建设项目列入年度目标考核管理，对项目进度、质量、建设成效等进行考核，并作为各乡镇下年度项目、资金安排的重要依据。同时，对村集体带动项目实行"一年一考核"，对未达标的项目及时终止并全额撤资，对带动性强、履约率高的项目资金资源等优先倾斜，最终实现企业、村民、村庄共赢良性发展。

（二）泰顺县折股量化扶贫项目主要存在问题及困难

（1）投资性质有待明确。按照折股量化项目要求，折股量化扶贫项目需以入股方式投资项目，但泰顺县大部分项目是以优先股方式享受固定回报率，检查提出该模式比较类似借款形式，无法享受项目经营红利。

（2）部分投资类项目合作模式不利于长期稳定增收。根据《泰顺县财政专项扶贫资金和项目之村级集体经济组织（经营主体）带动低收入农户增收项目实施细则（试行）》（泰财农〔2019〕359号）"债权投资类项目原则上不超过5年"的规定，上级部门的检查中提出泰顺县投资入股华东大峡谷项目在投资期5年届满时，需由扶贫部门另行谋划新的扶贫项目，在带动低收入农户增收上存在不稳定性。

（3）部分投资类项目资金安全有待加强，股东权益难以保证。部分投资类项目无法取得股权证，若出现被投资单位运行情况不佳且未有相关担保物的情形，则资金安全性难以确定。

（4）区域限制显著，优质项目稀缺。受制于地理环境限制，泰顺县优质资源企业较少，租金收益不高，配套设施也亟须完善。

（三）下一步工作思路

泰顺县折股量化扶贫下一步主要需要做好以下工作。

（1）坚持精准扶贫，精准脱贫方略。拓宽思路，注重资金安全，提高折股量化扶贫项目资金使用效益。

（2）加强成果转化。全面总结泰顺县折股量化项目成果，推广可行经验，带动村集体经济和低收入农户稳步增收。

（3）重视试点项目管理。依托泰顺县信息管理系统及财政部扶贫资金动态监控平台，实现动态管理，在项目管理上开展实时有效跟踪。

（4）加大政策宣传。做好扶贫试点工作政策推广，提高试点扶贫项目知晓度，严格规范财务管理工作，不断提高扶贫资金管理水平。

三、平阳县财政资金折股量化扶贫试点工作实施情况

近年来，平阳县深入贯彻精准扶贫、精准脱贫要求，创新扶贫理念，落实扶贫政策，完善扶贫机制，坚持开发式扶贫的基本方针，以发展村集体经济、促进低收入农户增收为目标，以折股量化为抓手，统筹规划产业扶贫，并取得一定成效。截至2020年9月底，平阳全县已立项实施的折股量化项目有4个，立项金额为7900万元，拟补助扶贫折股量化资金7110万元；其中2019年平阳县生猪养殖扶贫项目被市局列为折股量化试点项目。这些项目的实施不但解决了村集体经济的增收问题，还实现了精准帮扶低收入农户，同时带动了农业企业更好地融入当地的经济发展。

（一）折股量化实施总体情况

根据省厅资金管理办法的要求，财政专项扶贫资金用于基础设施建设不

能超过当年总量的 30%。因此，稳步、精准、高效地化解上级扶贫资金需要以大量的产业帮扶项目为支撑。然而，因扶贫资金监管严、检查多等原因，乡镇谋划项目的积极性不高，使得平阳县产业帮扶项目储备不足。在市局开展折股量化扶贫试点工作后，平阳县积极向市局了解相关政策，认真学习扶贫政策文件，并与县农业农村局做了大量的沟通交流，最终确定平阳县折股量化项目由县农业农村局牵头实施，县财政局配合开展各项工作。

（二）折股量化实施过程中存在的问题

（1）前期准备和实施时间较长。因折股量化项目基本上是投资较大的项目，程序规范的要求更为严格，涉及方方面面的政策处理、部门间协调等事项较多，因此前期需要花费较多时间筹备，一个项目从开始到实施基本需要8 个月左右的时间。因为项目体量大，从实施到验收基本需要 1 年左右的时间才能完成整个项目。

（2）农业折股量化项目不多。截至 2020 年 9 月底，平阳县还在谋划的折股量化项目共 6 个，其中生猪养殖折股量化项目 1 个，其余 5 个项目涉及厂房建设、小微园购置、民宿发展等，这与上级对扶贫项目要尽量结合农业生产的要求还有一定距离。

（3）项目尚未产生收益。因平阳县是从 2019 年起开始实施整镇制推进折股量化项目，加上疫情影响，目前实施的几个折股量化项目尚未建成，没有产生收益，因此对产生收益后的资金使用存在哪些问题还不能掌握，需要在不断的实践过程中加以完善。

（4）资金沉淀层级下降。扶贫动态监控系统对资金使用重点关注县级层面，因此平阳县农业农村局在项目立项后，扶贫资金也立即拨付到乡镇，推动县级扶贫资金使用进度。但建设类的折股量化项目建设周期较长，导致县级拨付给乡镇的扶贫资金难以快速支付，扶贫资金沉淀在乡镇。

（三）下一步思路与对策

（1）提前谋划、加大支持力度。需要提前谋划产业扶贫项目，把政策处理等有关事项提前解决，增加项目可实施程序；县级层面需要重视扶贫项目建设，通过书记、县长推动各部门对项目的支持，缩短审批流程。

（2）加强与农业龙头企业的合作。产业折股量化项目不多并不是项目少，而是受以下两个因素影响：一是县内申报项目的主体实力不强，使得各方对项目审批持审慎态度；二是扶贫项目检查繁多，农业企业实施意愿不强。因此需要加强与县内农业龙头企业的合作，确保扶贫项目能长期、稳定实施。同时对于收益计算方式，要尽量避免与企业财务指标产生关联，减少各方对项目实施主体的审计、检查，确保不影响企业的生产经营。

（3）考虑到上级对沉淀扶贫资金的统计只涉及县级和乡镇层面，建议将该类公司纳入乡镇的三资中心管理，公司相关印鉴、网银 U 盾等由乡镇代管，资金拨付必须经乡镇有关负责人批准。在达到上述条件后，乡镇将扶贫资金拨入公司账户，以妥善解决扶贫资金沉淀在乡镇的问题。

（4）提高折股量化扶贫资金使用效率。重点研究折股量化项目风险防范机制、推进农业产业折股量化项目等工作，特别是要结合省农业农村厅等 3 部门发布的《关于做好扶贫资产管理工作的通知》（浙农规发〔2020〕1号）文件，把已建的扶贫资金和拟建的扶贫资产进行全面梳理，对后续的资产收益使用要定期进行检查，确保最大限度地发挥折股量化扶贫资金的使用绩效。

四、洞头区财政资金折股量化扶贫试点工作实施情况

截至 2020 年 8 月，洞头区共实施财政支农资金折股量化扶贫项目 4 个，投入资金 377 万元，其中财政资金 252 万元。折股量化项目为大长坑、口筐、洞头等 6 个村的集体经济，每年增收约 50 万元，三年来为低收入农户增收约 20 万元。

（一）主要做法

（1）加大政策支持，建立激励机制。出台《关于印发温州市洞头区财政专项扶贫资金及项目管理办法的通知》（洞财农〔2019〕242 号）。完善资金分配方法，建立资金投入风险评估机制和资金退出机制，实施专项资金财务监管，确保资金安全、发挥效能，确保资金向吸纳低收入农户就业、带动增收效果好的实施主体倾斜并给予相关政策支持。

（2）加强部门联动，精准谋划项目。对折股量化项目，联合区扶贫办、农业农村局等相关部门立足本地资源条件，统筹考虑产业基础、区域布局、一二三产业融合、市场环境、群众意愿等因素，选择具有良好发展预期的产业项目，重点支持乡村旅游等产业项目，紧紧依托产业，推进资产收益扶贫，并注重发挥产业的辐射带动作用。2019 年洞头区在探索"产业＋村集体＋低收入农户"帮扶模式的基础上，利用区旅游城市的特点，发展"星光海鲜城星光帐篷项目"，在为低收入农户提供就业岗位的又可将租金及部分

经营收益以股份形式分发放给低收入农户。项目总投资 108 万元，市级扶贫资金补助 47 万元，项目于 2020 年 5 月正式对外营业。该项目的投入营业将为该社区三个村村集体经济带来每年共计 17 万元增收，并提取村集体经济增收的 30% 根据不同经济困难类别对象按比例进行分配。2020 年洞头区全面完成 218 户折股量化帮扶增收任务，实现低收入农户户均年增收 2000 元以上，低收入农户人均可支配收入增长率 12% 以上。

（3）加紧风险防控，形成物化资产。制定风险防范措施和应急预案，用于资产收益扶贫的财政资金，鼓励优先用于固定资产投资、购买生产资料等，形成可核查的物化资产。2017—2018 年，洞头区先后建成大北岙街道长坑村、大长坑 2 期、鹿西乡口筐村、东屏街道大北岙村 4 个光伏项目，共投入财政资金 205 万元。光伏项目的投入使用为三个村集体经济每年分别带来 12 万元、14 万元和 5 万元增收，并提取村集体经济增收的 25% 根据不同经济困难类别对象按比例进行分配。光伏项目将以固定资产核算计入村级股份经济合作社，在为集体经济和低收入农户带来稳定增收的同时，有效地防控了财政资金风险。

（4）加快模式探索，助力脱贫攻坚。洞头区立足海岛实际，以"产业＋村集体＋低收入农户"模式为依托，财政资金通过折股量化，村企合作共建，有效盘活农村闲置资产，推动了集体经济的内生动力，在助推集体经济发展壮大的同时，也实现了低收入农户增收由"输血"向"造血"转变，从而建立起稳定可持续的扶贫脱贫机制，实现了低收入增收脱贫。

（二）存在问题分析

（1）产业带动能力偏弱。洞头区为海岛区，土地资源少，耕地少，本土产业发展薄弱，没有形成优势新兴产业。而传统产业劳动力需求大、风险高、经济效益低，难以满足直接带动低收入农户增收效益的要求。

（2）劳动力大量流失。青壮年劳动力大量外流，农村老龄化趋势加重。2020 年年初，洞头区建档立卡低收入农户 2204 人，其中仅 373 人有劳动能力，并且部分具有劳动力农户因家中有重大疾病病人需照顾，无法外出工作，使劳动力进一步流失。

（三）下一步计划

洞头区将继续立足海岛特色，以"产业＋村集体＋低收入农户"帮扶模式为主导，以"海岛振兴基金"为基础，整合夜市经济思路，优化产业结构，多方位发展折股量化产业，在壮大村集体经济的同时，为低收入农户带来稳定增收。目前，北㿟镇小朴村"星光"经济夜市项目、元觉街道活水潭村农房购置项目等 18 个项目申请了"海岛振兴基金"。

第三节　镇级、产业层面实施状况

现在财政支农资金折股量化扶贫项目已经应用于温州全市许多乡镇及产业，本书选取有代表性的苍南县南宋镇、泰顺县三魁镇和文成县中蜂产业折股量化扶贫项目的实施情况进行介绍。

一、苍南县南宋镇折股量化扶贫实施情况

南宋镇是苍南县谋划折股量化项目数量最多的乡镇，也是最早投入运营的乡镇。苍南县南宋镇辖南宋、古楼山、垟丰、垟尾、蕉坑底、大埔山、溪光、北山等 8 个行政村，是传统革命老区镇。南宋镇将力争使项目覆盖全县 65% 行政村，实现 280 多个低收入农户增收致富。

2018 年全镇 7 个行政村联合组建村级集体经济发展联合体，成立苍南县南宋镇兰松新农村开发服务有限公司，大力发展农家乐、民宿、特色农产品、名小吃等产业，承接农贸市场管理、卫生保洁等服务，不断增强集体经济薄弱村造血功能，已整体抱团开发项目 6 个，总资产达 1800 万元。通过实施折股量化扶贫项目，2018 年南宋镇 1—9 月村级集体经济村均总收入增量在全市 86 个生态型乡镇排名第五、全县第一，集体经济总收入最高的村已超过 100 万元目标。[①]

2019 年南宋镇立足镇情实际，发挥资源优势，加大了折股量化项目建设力度，以苍南县兰松新农村开发服务有限公司为龙头，投入资金 1100 万元，其中投入折股量化扶贫项目资金 386 万元，深入挖掘农村资源潜力，积极盘活废弃用地，深入开发特色农产品展销中心等项目 6 个，进一步承接其经营管理等服务，大力发展农家乐、民宿、特色农产品、名小吃等产业，不断增强集体经济薄弱村造血功能，激发村级集体经济发展活力。2019 年度扶贫资金折股量化分红总计 29.2 万元，带动低收入农户 146 户每户增收

---

① 资料来源于《南宋镇 2019 年政府工作报告》。

2000 元。[①]

2020 年南宋镇加强村集体"持续造血"功能，通过资金变股金，发展垟楼、垟丰折股量化扶贫项目 2 个，增加村集体经营性收入 13 余万元，带动 40 余户低收入农户增收。[②]

2021 年南宋全面提升集体经济薄弱村，投入财政资金 189 万元实施折股量化扶贫项目，用于购买"居然之家"商铺 2 个，激活垟楼、垟丰等两个省级扶贫重点村造血功能。[③]

2022 年南宋镇继续巩固长效型脱贫成果，持续壮大村集体经济，继续拓展折股量化扶贫项目，充分发挥兰松新农村开发服务有限公司龙头作用，鼓励各村谋划扶贫产业，有效衔接乡村振兴，打造精品现代休闲农庄，在蕉坑底、大埔山、垟楼聚力打造大米、柑橘、茶叶等规模种植业，力争培育 1～2 种绿色品牌产品，推动锡箔业转型升级，促进农民增收致富。[④]

二、泰顺县三魁镇折股量化扶贫实施情况

财政支农资金折股量化是泰顺县三魁镇落实精准扶贫的重要举措，2019 年三魁镇通过产业就业和折股量化帮扶 87 户，2020 年通过产业就业和折股量化帮扶 302 户，实现帮扶到户率 100%。三魁镇相比于其他乡镇，其主要特色体现在制定并出台了财政资金折股量化扶贫项目收益管理办法，这为折股量化扶贫项目的具体管理提供了经验借鉴。

泰顺县三魁镇为加强和规范财政资金折股量化扶贫项目收益的管理，进一步提高扶贫资金使用效益，特制定《三魁镇财政资金折股量化扶贫项目收益管理办法（试行）》（三政〔2020〕98 号）。其主要做了如下几个方面的规定。

（一）总 则

（1）收益旨在带动低收入农户增收，同时发展壮大村集体经济。

（2）收益的管理使用遵循安全规范、促进发展、救助救济等原则。

---

a 资料来源于《南宋镇 2020 年政府工作报告》。
② 资料来源于《南宋镇 2021 年政府工作报告》。
③ 资料来源于《南宋镇 2022 年政府工作报告》。
④ 资料来源于《南宋镇 2022 年政府工作报告》。

（二）收益扶持方向

（1）收益主要来源。村级集体经济组织带动增收项目的收益、省际边界村项目产生的收益、"光伏小康工程"发电收入、村扶贫资金互助会折股量化产生的收益、其他扶贫资金扶持村集体发展产业或折股量化项目产生的收益。

（2）所谓低收入农户，是指经扶贫部门年度确认并已录入三魁镇级以上低收入农户动态管理数据库的农户。

（3）村级集体经济组织带动增收、省际边界村等项目产生的收益分成两部分，其中30%作为村集体经营性收入由村集体统筹安排，70%需用于扶持本村低收入农户发展生产、低收入农户缴纳医疗保险和养老保险、大病救助、特别困难学生救助、年终困难慰问等。"光伏小康工程"发电收入、扶持原55个省级结对帮扶重点村的收益归村集体，折股量化到低收入农户的收益可平均分配给本村低收入农户。村扶贫资金互助会委托农商银行运行管理后，原补助的财政资金产生的收益归村集体，财政资金折股量化产生的收益归折股量化的本村低收入农户会员。

（4）村股份经济合作社应在相应科目中增设"扶贫收益"明细，将村级集体经济组织带动增收项目和省际边界村项目产生的70%收益、"光伏小康工程"折股量化到低收入农户的收益、低收入农户会员财政资金折股量化产生的收益等纳入专账管理，明细核算。当低收入农户对象减少，可适当提高补助金额，但每人每年补助金额不得超过当年本村低保对象最高补助金额。

（5）收益结余部分应转入次年使用。

（三）收益监督管理

（1）收益使用前需经过村集体研究、按规定做好公开公示工作，接受群众监督，并上报所在三魁镇人民政府审批，确保专款专用。

（2）三魁镇人民政府是收益使用的监督主体，对收益使用情况实行每年不少于两次的专项检查和不定期抽查。

（3）村级组织要做好收益使用账册等材料的收集和归档工作，每年将收益的收支情况报所在三魁镇人民政府备案，接受上级扶贫、财政、纪委等部门的监督检查。

（4）对收益使用工作中出现的违规违纪行为，及时进行纠正，涉嫌违法违纪的，移送有关机关处理。

（四）三魁镇主要创新之处

（1）文件中给出的"股份经济合作社应在相应科目中增设'扶贫收益'明细"，实现了将财政资金折股量化产生的收益等纳入专账管理，做到明细核算。

（2）该文件明确了实施折股量化扶贫的资金来源、不同项目不同的收益方式以及收益的监督管理等内容，为折股量化扶贫项目收益的规范化管理提供了经验借鉴。

三、文成县中蜂产业折股量化扶贫实施情况

中华蜜蜂（简称"中蜂"）是中国独有的品种，又称"中华蜂""土蜂"，中蜂所产的蜂蜜，具有纯正、醇厚、香浓的特点，还含有蛋白质、氨基酸、维生素、矿物质等丰富的营养物质。2018 年，文成县农业农村局制订中蜂产业精准扶贫项目实施方案，给每户低收入农户赠送 5 箱中蜂（3 张巢脾带蜂王及仔脾，2 匹空巢脾），同时让有技能与经验的养蜂大户给予分阶段技术帮扶。项目补助采用蜂箱、蜂种、技术、培训打包服务的模式，每户低收入农户发展中蜂养殖 5 箱，给予实施单位每箱蜂补助 600 元，由此保障"授人以鱼不如授人以渔"。[①]

2019 年 6 月，文成县审计局在扶贫资金专项审计中发现，"低收入农户送中蜂精准扶贫"项目效益低下，部分帮扶对象年龄大、患病、行动不便且无养蜂经验和技术，导致部分养殖的中锋群逃或死亡，产业效益低甚至无收益。为此，该局向县农业农村局建议探索专业机构代养的方式，带动低收入农户增收致富。

文成县农业农村局高度重视，出台了《文成县 2020—2023 年中蜂养殖折股量化扶贫项目实施方案（试行）》。该文件明确了以下内容：低收入农户中蜂养殖由自养改为折股量化的方式进行集中养殖，即将政府扶持给低收入农户的蜂群、蜂箱、蜂具等折股量化，入股村集体经济组织，委托中蜂养殖专业合作社集中饲养（代养模式），实行产品统购统销，形成风险共担、利益共享的产业开发模式。年终由村级集体按集体和低收入农民分别 20% 和

---

① 王乐乐，黄伟，张睿，等 . 文成发展"中蜂"产业帮服低收入农户增收抱团酿造甜蜜的事业 [N]. 温州晚报，2020-08-03（02）.

80% 的比例进行分红，争取三年低收入农户户均增收 1900 元以上。①

2020 年，文成县组织 11 个乡镇的 11 个集体经济薄弱村与 19 家中蜂养殖大户签订了 2020—2023 年中蜂养殖折股量化扶贫项目，其代养资金分配情况如表 4.1 所示。11 个村的低收入农户将政府扶持的蜂群、蜂箱、蜂具等折股量化，入股村集体经济组织，由村集体经济组织和养蜂专业合作社签订代养合同，风险共担、利益共享，年终收益按村集体 20% 和低收入农户 80%的比例进行分配。对于低收入农户来说，他们以前获得的是政府送的蜂箱，但收益难以保障，现在直接由大户代养，低收入农户不用投入，三年能拿到1900 元的收入。

通过这种折股量化扶贫模式，文成县依托中蜂养殖，同时实现了经济目标、社会效应目标和生态效应目标。文成县农业农村局相关负责人表示，通过中蜂扶贫折股量化项目，不仅能促进低收入农户增收、壮大村级集体经济，还能推进全县中蜂产业转型升级，实现可持续发展，将美丽环境转化为美丽经济。②

表 4.1　文成县中蜂养殖折股量化扶贫项目中蜂养殖代养资金分配表

序号	乡镇	项目名称	项目实施单位	实施地点	项目建设内容和规模	2020—2023 年总投资（万元）	2020 年已下达资金（万元）	2021 年下达资金（万元）
1	珊溪镇	2020—2023年中蜂养殖折股量化扶贫项目	文成县珊溪镇井源村股份经济合作社	井源村	扶持低收入农户 64 户，养殖中蜂128 箱	24.96	9.60	5.12
2	珊溪镇	2020—2023年中蜂养殖折股量化扶贫项目	文成县珊溪镇珊湖村股份经济合作社	珊湖村	扶持低收入农户 93 户，养殖中蜂186 箱	36.27	13.95	7.44
3	黄坦镇	2020—2023年中蜂养殖折股量化扶贫项目	文成县黄坦镇黄垟村股份经济合作社	黄垟村	扶持低收入农户 41 户，养殖中蜂82 箱	15.99	6.15	3.28

① 文成县审计局.文成实施中蜂养殖折股量化扶贫项目促农户增收 [OR/OL].（2020-11-26）[2022-09-11].http://wzsj.wenzhou.gov.cn/art/2020/11/26/art_1222568_58701417.html，2020-11-26..

② 陈秀秀，季向贤.文成推进中蜂扶贫模式一举多得 [N].农村信息报，2020-08-05（02）.

续　表

序号	乡镇	项目名称	项目实施单位	实施地点	项目建设内容和规模	2020—2023年总投资（万元）	2020年已下达资金（万元）	2021年下达资金（万元）
4	黄坦镇	2020—2023年中蜂养殖折股量化扶贫项目	文成县黄坦镇塘垟村股份经济合作社	塘垟村	扶持低收入农户14户，养殖中蜂28箱	5.46	2.10	1.12
5	西坑镇	2020—2023年中蜂养殖折股量化扶贫项目	文成县西坑镇鳌里村股份经济合作社	鳌里村	扶持低收入农户62户，养殖中蜂124箱	24.18	9.30	4.96
6	百丈漈镇	2020—2023年中蜂养殖折股量化扶贫项目	文成县百丈漈镇长垟村股份经济合作社	长垟村	扶持低收入农户20户，养殖中蜂40箱	7.80	3.00	1.6
7	峃口镇	2020—2023年中蜂养殖折股量化扶贫项目	文成县峃口镇渡渎村股份经济合作社	渡渎村	扶持低收入农户70户，养殖中蜂140箱	27.30	10.50	5.6
8	铜铃山镇	2020—2023年中蜂养殖折股量化扶贫项目	文成县铜铃山镇石门村股份经济合作社	石门村	扶持低收入农户22户，养殖中蜂村44箱	8.58	3.30	1.76
9	二源镇	2020—2023年中蜂养殖折股量化扶贫项目	文成县二源镇新东村股份经济合作社	新东村	扶持低收入农户65户，养殖中蜂130箱	25.35	9.75	5.2
10	平和乡	2020—2023年中蜂养殖折股量化扶贫项目	文成县平和乡新田村股份经济合作社	新田村	扶持低收入农户43户，养殖中蜂86箱	16.77	6.45	3.44

续　表

序号	乡镇	项目名称	项目实施单位	实施地点	项目建设内容和规模	2020—2023年总投资（万元）	2020年已下达资金（万元）	2021年下达资金（万元）
11	桂山乡	2020—2023年中蜂养殖折股量化扶贫项目	文成县桂山乡三垟村股份经济合作社	三垟村	扶持低收入农户108户，养殖中蜂216箱	42.12	16.20	8.64
	合计	—	—	—	—	234.78	90.3	48.16

第五章　温州市折股量化扶贫试点工作
效果评估调查

根据党中央、国务院关于打赢脱贫攻坚战的决策部署和温州市委、市政府《关于推进精准扶贫增强低收入农户发展能力的实施意见》（温委办发〔2016〕92）、《温州市财政支农体制机制改革三年行动计划》（温财农〔2015〕387号）等文件，温州市财政局、市扶贫办于2017年6月出台《温州市财政支农资金折股量化扶贫试点工作实施意见》（温扶办〔2017〕5号），积极开展财政支农资金折股量化扶贫试点工作。瓯海、洞头、平阳、泰顺、苍南等地积极响应，谋划实施了一批极具先锋意识的财政支农资金折股量化扶贫试点项目。作者深入实地开展三年试点工作效果评估调查，希望通过调查研究总结各地成功经验，梳理目前温州市财政资金折股量化扶贫项目实施中存在的问题并探讨解决对策，为温州市下一步全面推进财政资金折股量化扶贫政策提供决策参考。

第一节 温州市折股量化扶贫试点项目实施基本情况

各试点县（市、区）积极开展试点工作，通过创新工作机制、谋划项目，将财政资金投入农村自然资源开发、农村经营性集体物业、产业发展等项目，财政资金折股量化扶贫效果显著。截至2021年年底，温州全市累计实施折股量化项目306个，共投入各级财政资金7.5亿元，撬动社会资本6亿元；共涵盖光伏、旅游民宿、农家乐、小微园厂房、物流仓储综合体、农贸市场、农产品展销中心、渔村码头仓储、养老院、肉联厂、食品加工园等方面帮扶项目；惠及全市低收入农户5万余人，户均年收入增加1700元左右。

一、各试点地区依据市级层面出台的实施意见，积极开展试点工作

各试点地区折股量化的受益对象选择为建档立卡的低收入农户群体，主要包括低保户、低保边缘户和其他经济困难的对象，同时对受益对象每年进行动态管理。在财政资金投入来源方面，市级财政资金通过对试点示范项目给予补助，引导包括中央扶贫资金在内的省财政资金和县级财政资金投入项

目建设,同时撬动了社会资本的投入和村集体自筹资金投入。省级财政资金和县级财政资金是财政资金的主要来源,具体如表5.1中所示。各试点地区普遍将村股份经济合作社作为折股量化项目的实施主体,并将折股量化扶贫总收益的30%用于壮大村集体经济,70%用于帮扶带动本村低收入农户增收。在项目类型上,各试点地区普遍倾向于选择光伏和入股水电站等农村自然资源开发类项目,以及购买商铺和小微创业园、建设农贸市场等经营性物业类项目,因为这些类别的项目相对市场风险小、收益长期稳定。也有一些项目通过将财政资金注入村集体股份经济合作社再入股到合作社和农业企业等经营主体。但各试点地区政府相关部门考虑到这类项目相对市场风险较大,可能影响扶贫资金使用的安全性,因此此类项目数量不多。目前各项目投资回报率在5%~10%之间。项目入股的形式包括普通股和优先股两种。

二、构建"县级引导、乡镇主导、村为(农户)主体"的工作格局

折股量化项目尚属创新扶贫方式,一些具备条件的项目村和投资合作方还在观望,因此需要相关部门营造氛围,打消各方的顾虑,保证各方的利益,这样才能更好地推动项目顺利进行。经过前期的探索,目前各试点县逐步形成了县财政局和扶贫办主动引导,乡镇主导统筹,以村集体经济组织为项目推进主体的工作格局。折股量化项目在资金筹措、资源对接以及合作模式、项目论证、项目批准、实施进度和工程质量等方面,得到了各级政府的助推和各方的共同协作,特别是在泰顺和苍南两地,相关部门和主体积极谋划实施折股量化扶贫项目,2019年项目数量和资金投入额度(表5.1)相比前两年均有显著增长。

表5.1 温州市部分试点地区财政资金折股量化扶贫项目资金投入情况(单位:万元)

序号	县(市、区)	投入合计	省财政	市财政	县财政	社会资本	自筹
1	瓯海区	200	—	—	200	—	—
2	洞头区	220	—	80	100	—	40
3	泰顺县	18527.3	8443.1	658.19	4273.71	4905	247.3
4	苍南县	7475	1429.5	125	2595	1895.5	1430
	合计	17979.2	9872.6	863.19	7168.71	6800.5	1717.3

注:数据来源于温州市扶贫办,统计时间截至2019年5月30日。

三、各地因地制宜，多元化投资、多形式运营，确保稳定收益

各地因地制宜，根据自身资源优势选择市场风险小、收益长期稳定的项目实施折股量化扶贫。瓯海区扶贫资金入股瓯海区强村发展有限公司，泰顺县入股水电站、青年农民创业园、购买商铺，苍南县购买小微创业园厂房、农贸市场及建设精品民宿，平阳和洞头两地投资光伏项目，文成县入股县兴村公司谋划抱团增收项目。在运营方式上，苍南县创新多种方式保障运营，如引入具有国资背景的旅游投资集团公司开展精品民宿运营管理；引入国有企业苍南县水利水电投资开发有限公司参与运营，免费为金乡镇 16 个村抱团购买的龙港新城小微园提供统一招租和分配收益服务；引入 8 个村核心村干部组成领导班子的钱库振农建设开发有限公司等单位进行运作管理。多形式且具针对性的经营管理模式，保障了项目运营的稳定，为确保项目稳定收益打下了坚实的基础。部分项目实施情况如表 5.2 所示。

表 5.2　市级试点典型案例实施情况表

序号	县(市、区)	项目名称	实施内容简介	投入情况(万元)					预计折股量化增收的总收益(万元)	受益情况			
				省财政	市财政	县财政	社会资本	自筹		预计村集体年收益(万元)	带动低收入农户就业人数(人)	收益帮扶低收入农户数(户)	收益帮扶总金额(万元)
1	瓯海区	扶贫资金收益折股量化	安排财政扶贫专项资金200万元作为瓯海区老促会投资资本金入股瓯海区强村投资发展有限公司,所产生分红利息的60%~70%用于全区低收入农户	—	—	200	—	—	15(已收益)	—	50	50	10
2	洞头区	大长坑村光伏	光伏项目	—	80	20	—	20	8.6	3.8	—	24	4.8
3	泰顺县	罗阳镇三联村投资电站	投资泰顺县彭溪水电站60万元	60	—	—	—	—	4.5	1.35	—	25	3.15
4	泰顺县	司前畲族镇左溪村投资青年农民创业园	投资青年农民创业园60万元	60	—	—	—	—	3.6	1.08	—	29	2.52
5	苍南县	莒溪镇溪东村畲家风情精品民宿	莒家村畲风精品民宿和农家乐、村史馆(展厅)形式合一,其中:精品民宿24间、餐厅客容量约150人	50	75	75	240	40	19	6	10	13	—

第二节　折股量化扶贫实施成效

综合分析，温州市财政资金折股量化扶贫带来的成效体现在以下五个方面。

一、推动财政支农政策供给侧改革

折股量化模式改变传统的财政资金定点投入方式，将资金注入市场主体形成低收入农户资产股权量化，推动市场主体借力财政资金支持开展专业且灵活的经营以获取利益并按照股权量化到低收入农户。这种模式完成了政府与市场的合理分工和职能互补，在减轻政府负担的同时提高了扶贫资金的使用效率，实现了精准扶贫。这是财政支农体制机制的改革创新，使低收入农户、政府和各类经济主体实现多方共赢。

二、实现扶贫目标和手段高度统一

实施财政支农资金折股量化扶贫试点，是在不改变支农资金用途的前提下，以支农资金投入项目所形成资产股权量化为载体，构建财政支农资金扶贫新模式。同时，折股量化模式赋予了低收入农户更多的财产权利，拓宽了缺劳力、缺技术、缺资金、缺信息的低收入农户持续稳定的增收渠道。通过与合作社、龙头企业、集体经济组织发展相结合，实现了低收入农户与乡村能人、社会资本、先进技术的融合，弥补了低收入群体缺乏资金、劳动力、技术的发展短板，使其能够在自身发展能力不足的情况下实现长期的发展和增收，进而实现精准帮扶、持续发展的精准扶贫战略目标。

三、做到项目成果多方共享

温州市各县市区实施的折股量化规定项目的年收益超过5%，其中70%的收益分配给低收入农户，30%的收益用于壮大村集体经济，从而全面增强了村级组织参与折股量化项目管理的动力。在项目推进过程中，引入了更多的社会资本，盘活了乡村各种沉睡的资源，为村集体的发展带来了更多的机会。随着项目的不断盈利，低收入农户获得了稳定的收入，村级组织的实力也在不断加强，如苍南县莒溪镇溪东村的民宿共建等折股量化项目不仅盘活了村民闲置的农房，还带动了有劳动能力的低收入农户参与民宿服务工作，并为村集体经济组织带来了稳定收益。此外，民宿的运营也必将带动整村的乡村旅游、餐饮交通等产业的发展，为全体村民创造就业创业的机会。

四、找到产业扶贫新路径

传统的产业扶贫资金投入多选择直接补助低收入农户或者补助企业带动低收入农户就业项目，但产业扶贫资金直补个体农户，因农户承接能力差，将面临自然风险和技术风险等困难，无法有效地利用资金。产业扶贫资金补助企业，一方面存在与带动低收入农户就业不紧密问题；另一方面还存在扶贫资金被套取风险，并引发不正当竞争，破坏市场机制。产业项目选择难造成产业扶贫资金结转率高、难以使用，无法更好地发挥扶贫效益。而折股量化扶贫方式不仅符合省里资金使用方向，而且能够通过整合财政资金充分调动社会资本投入扶贫，通过入股抱团项目打破村与户的限制，将低收入农户与农业产业发展和村集体经济发展壮大等紧密相连，有效破解了扶贫资金使用难题，找到了一条产业扶贫资金使用的新路径。

五、保障扶贫资金安全和长期效应

财政支农资金折股量化扶贫项目引入低收入农户和村集体经济组织等多个参与主体，实现项目在实施过程存续期间得到多个主体的长期监督。在项目实施过程，村集体通过召开村民代表大会集体表决等形式实现全员参与监督，弥补了扶贫资金仅有政府相关部门监管而无法对项目有效性进行长期跟踪的薄弱点，构建了扶贫资金长期监管机制，保障了扶贫资金使用长期安全有效，进一步发挥了扶贫资金使用长期效应。

第三节 折股量化扶贫项目实施中存在的不足和困难分析

通过实地调研，本课题组发现温州市财政资金折股量化扶贫项目经过两年多的实践，涌现了许多创新性的做法，独创性地走出了一条突破扶贫资金使用难问题的路径，项目实施总体比较规范，取得了良好的成效。但我们也发现项目在实施过程中还存在如下几个方面的主要问题，解决这些问题有利于财政资金折股量化扶贫项目进一步推广。

一、经营主体承接项目积极性有待提高

因目前用于实施折股量化扶贫项目的资金来源主要为扶贫资金，而扶贫资金使用有严格要求且为监察的重点领域，扶贫项目检查时间跨度长、频次高，使得项目承接经营主体所承受心理压力大。调查中一些经营主体表示，之所以愿意承接项目，主要是出于为村里做贡献和帮扶低收入农户的动因。扶贫资金项目检查过严、问责过重，影响了各类经营主体参与项目的积极性。

二、项目谋划不够深透

因财政资金折股量化扶贫尚属创新扶贫方式，村、镇作为项目实施的主体及主要管理方，他们对折股量化政策还不太了解，需要各级部门牵头梳理。一些具备条件的项目村和投资合作方还在观望。政府相关部门在宣传动员和精准谋划方面还比较欠缺。另外，一些资金投入较大的项目，需要经过招投标等程序而产生较高的费用，降低了使用财政资金带来的撬动社会资本投入效应。另外，受制于农村土地指标限制等制约因素，项目从谋划到落地实施各级审批环节多、周期长，政策处理指导服务还不够到位，缺乏专门人员进行项目进度的监督管理，项目最终可能会无法得到落实。

三、财政资金撬动效应还不明显

在目前一些项目投入使用过程中，资金主要以财政资金投入为主，社会资本投入和村集体经济组织自筹资金投入比例还不高，财政资金撬动效应发挥还不够。

四、农业产业项目投资偏少

因目前用于开展折股量化扶贫项目所用的资金都是农业资金，应当考虑涉及农业产业项目，但试点在项目选择时更倾向于选择项目收益稳定、风险较低的物业经营性项目，一些短期风险高、但长期效益好的农业产业类项目（如生猪生产项目）涉足较少。另外，所投资的项目主要以固定收益回报的项目为主，项目对于帮助带动低收入农户就业、助推农业产业发展带动能力不足，可能会强化部分低收入农户产生向政府"等、靠、要"的懒惰思维，无法助推乡村产业振兴发展。

五、收益率确定缺乏弹性

虽然目前各试点地区倾向于选择具有稳定收益的项目开展财政资金折股量化项目，但是随着项目实施年限的不断增加，经营主体将会面临更多的不确定性而影响固定收益的发放。但目前尚未建立收益长期动态调整机制。

六、项目登记制度有待完善

现有的折股量化项目实施期限长，应该及时对投入财政资金所形成具体资产及其收益分配进行登记。但目前各地在实施过程中尚未建立折股量化分配项目的资产和收益分配登记制度，不利于长期有效管理和相关部门对项目进行跟踪及审查。

七、增收有限性与其他帮扶政策享受存在矛盾

享受财政资金折股量化扶贫项目收益的帮扶对象部分为低保户和低保边缘对象，但由于所分享收益有限，无法实现低保户和低保边缘对象真正脱贫。根据现有低保户和低保边缘认定政策，他们获得折股量化扶贫收益分红后，其总收入可能会超过认定标准线，导致无法享受到帮扶政策，而这部分群体被取消资格后又将继续返贫。一些试点区乡镇基层工作人员也很纠结，是否应当将低保户纳入折股量化扶贫的受益对象范围。

第四节　下一步实施对策建议

结合前面温州市实施中存在的问题，梳理相关理论和其他地方的实践经验，本课题组为温州市全面推进财政资金折股量化扶贫项目的实施提出如下对策建议。

一、明晰持股主体和受益对象

（一）主推村集体为项目持股主体

目前温州市在各试点县普遍运行"财政支农资金投入所形成的资产作为村集体股份，入股经营主体获取收益，并在村集体和低收入农户之间进行合理分配"的模式，不仅实现了村集体和低收入农户双增收，同时明确了财政

资金投入后的管理主体，这种做法切实可行。将扶贫重点村或经济薄弱村作为持股主体对象，与精准扶贫不矛盾，同时参与扶贫资金进行折股量化项目符合政策规定。

（二）分类别选择项目受益对象

建议各地可以根据项目的不同类别选择恰当的受益对象以提高折股量化扶贫的整体实施效果。例如，财政支农资金投入农村自然资源开发类、农村经营性集体物业等项目仅获得固定收益的，可以不考虑低收入农户的劳动能力而选择低保、低保边缘户等缺乏劳动能力的重点帮扶对象。产业类项目尽量选择有资源入股、具备一定劳动能力、有意愿参与产业发展的低收入农户，从而激发低收入农户内生发展动力，带动整个产业发展，构建精准扶贫长效机制。

（三）项目收益不影响低收入农户资格认定

低保户收益的核定应做好与民政部门的协商。将折股量化项目收益视同为政府或村集体慰问资金，不计入民政部门核定低保和低保边缘户认定的收入核算，从而确保低收入农户通过获得折股量化扶贫项目收益改善生活水平。

二、多元化选择项目承接主体

财政支农资金折股量化的承接主体包括具有法人资格的企业、村集体经济、农民合作社、家庭农场等经营主体，包括村集体出资注册成立的独立经营主体（公司或合作社）、控股经营主体或其他企业、合作社、家庭农场等经营主体。乡（镇）政府和村委会根据投入村级的财政支农资金，共同协商，选择治理结构完善、财务管理健全、经营状况良好、经济实力较强、乐于扶贫助困且诚信守约的企业、村集体经济组织、农民专业合作社等经营主体，作为意向合作对象。同时应鼓励多个村集体经济组织抱团成立独立的经营主体（公司或合作社），参与项目运行，谋划更多的发展机会，从而为村集体经济组织带来长久而持续的稳定收益。

进一步拓宽折股量化参股领域，适当选择带动当地农业产业发展的项目要根据市场的变化，结合当地的优势资源，选择有发展潜力的项目主体，如发展生猪产业等。

三、建立项目收入及收益分配调整机制

（一）构建项目收入评估与动态调整机制

一般要求折股量化项目每年投资回报率不低于 5%，即银行利息收入。通过引入第三方评估机构对项目收入进行预算和核定。对于长期入股的项目，可在合同中约定，当企业出现重大事项确需变更时，可通过审计评估启动回报率的调整。调整周期以 3～5 年较为合理，企业盈利长期高于原先约定的折股量化项目收益率并达到一定比例，则根据实际情况由村委会和承接经营主体根据实际收益情况协商调高项目收益率。若协商后因企业经营不善使得长期收益过低，则可协商降低项目收益率，当项目收益率低于一定比例时，村集体可通过与企业协商退出财政资金入股。

（二）建立收益分红动态调整机制

针对一些收益由某个明确的村及其低收入农户分享的项目，应建立收益分红动态调整机制，以解决因低收入农户人数逐年减少后带来的单个低收入农户分红金额过高引发的社会矛盾。当某个村单个低收入农户获得的收入超过最高限额时，多出部分的分红以镇或县为单位统筹分配给其他村的低收入农户，或提高村集体经济组织所占比例。

四、进一步明晰县、镇、村工作职责

（一）加强县级层面项目谋划和指导

县级项目主管部门和扶贫、财政等部门要加强对财政支农资金折股量化工作的指导，主动谋划折股量化大项目，建立折股量化扶贫项目库建设。积极支持、帮助和指导乡村开展折股量化工作，帮助在各方资金、资源对接以及合作模式、政策处理、项目论证、项目批准、实施进度和工程质量等方面给予指导。

（二）充分发挥乡镇主导作用

发挥乡镇政府参与项目运作的积极性和主导作用。乡镇和村委会根据投入村级的财政支农资金，共同协商，选择合适的经营主体作为意向合作对象，引导村集体入股跨区域抱团项目，对接引入经营实力较强的领导干部或

政府部门领办的企业，帮助进行项目运作，提高项目成功率，可借鉴苍南县钱库镇和南宋镇的成功经验。乡镇全程公开、阳光操作折股量化扶贫项目，从财政支农资金分配、项目筛选、受益对象确定、项目执行结果以及绩效评价等全过程在地乡镇进行公开。

（三）规范村集体项目操作流程

村集体在乡镇政府指导下按照"一事一议"民主决策机制，制订本村财政支农资金入股方案，入股方案主要包括入股资金、入股方式、合作项目、合作主体、合作收益分配及股权收益内部分配方案等内容，并报乡（镇）政府审核把关。村集体选择入股经营主体、分配股权收益或使用分红收益，实行"一事一议"，对股权比例和收益及时公开公示，经营主体的营运和收益接受监督，分配收益做到公平公正。

五、完善项目监管及配套政策

（一）加强项目监督管理

投入承接主体的入股资金（股权），由乡（镇）、驻村工作队、村集体和农民代表组成的入股资金（股权）管理小组进行监督管理，也可委托有资质的第三方机构进行监督管理。财政支农资金入股须及时公开公示入股资金数额、承接经营主体、股比及入股收益分配办法、村集体股权收益内部分配方案等，接受群众和社会监督，保障农民合法权益。财政支农资金入股须建立健全会计核算管理制度，乡（镇）政府按照村财乡管村用的有关规定，核算管理村集体资金及股权，自觉接受项目主管部门和财政、审计、纪检监察等部门的监督检查。县级有关部门及乡（镇）、村工作人员在财政支农资金入股、项目安排以及股金退出中，存在违反规定，以及其他滥用职权、玩忽职守、徇私舞弊等违法违纪行为的，按照有关规定追究相应责任；涉嫌犯罪的，移送司法机关处理。财政支农资金入股和股金退出等使用管理中有关单位及个人存在弄虚作假或挤占、挪用、滞留资金等财政违法行为的，按照有关规定予以处理。

（二）建立资产和收益分配登记制度

在项目实施过程中，有关部门要建立财政资金投入后所形成具体资产登记制度，并建立折股量化项目收益分配登记制度。各县市区扶贫管理部门负责制定财政扶贫资金折股量化项目收益管理分配实施办法，对扶贫对象精准识别，并实行动态管理。收益按折股量化约定比分成，相关主体的收益部分由乡镇负责监督管理，实施主体要制订收益分配方案，确定分配标准，按方案要求向帮扶对象分配资产收益。折股量化项目收益实行专账管理，专款专用，确保资金安全。建档立卡低收入农户收益通过其"一卡通"发放，村集体经济组织收益发放到经济合作社所开设银行账户，并于次年3月底之前发放完毕。作为政府慰问资金视同村集体慰问资金，不计入民政部门核定的低保低边的总收入，不影响享受低保、低边政策。

（三）完善配套政策

与相关部门协商联动，给予实施财政资金折股量化扶贫项目一定的税收优惠政策，给予多个村股份经济合作社共同成立新的公司开展项目抱团运作的项目一次征税或免税的政策。给予基层乡镇在折股量化扶贫项目实施过程中的用地指标、农村建设用地审批等方面更多的权限，帮助推进项目加快落地。落实扶贫项目实施的规范性，构建项目固定的检查机制，降低项目承接主体应对多部门多次检查的压力，提高承接主体参与项目的积极性。

六、构建风险防范机制

（一）建立项目督查机制

项目主管部门和扶贫、财政等部门要加强对财政支农资金入股工作的监管，开展3～4次监督检查。以乡镇常态化管理和县里抽查的方式为主，具备条件的可以利用第三方机构开展评估检查，及时发现和纠正工作中出现的苗头性、趋向性问题，杜绝出现区域性、系统性风险；在合理的风险防控范围内，不要重复多方面的审查，减轻承接经营主体的应对检查的压力和畏难心理。

（二）明确股权退出具体情形

入股主体与承接主体在签订合同时，应明确承接主体在投资经管过程中出现以下情况，村集体有权收回股权：出现违反国家相关法律法规行为；投资进度缓慢或经营策略发生重大变动，不能按约定完成预期目标；出现持续经营亏损或面临较大经营困难，无法保障村集体、贫困户和其他村民收益；其他约定需退出的情形。

（三）制定风险防范措施和应急预案

明确财政支农资金折股量化项目中具体资金来源。财政支农资金通过贴息、担保、风险补偿等方式撬动金融和社会资本"放大"后，开展入股工作的，要审慎研究高杠杆运营可能带来的风险，制定风险防范措施和应急预案。

（四）多举措降低项目运营风险

村集体可从入股资金年度收益中提取一定的风险准备金，在分配收益不足或无收益时优先对建档立卡贫困户进行补助。鼓励承接主体购买商业保险，分散和降低经营风险，增强履约偿付能力，同时探索利用保险保费补贴等扶持政策，对实施主体给予适当支持。

七、提高投资农业项目风险容忍度

农业产业项目有助于帮助实现产业兴旺、带动低收入农户增收，因此需要提高折股量化扶贫项目投资农业项目风险容忍度。选准项目投资方向，投资于温州市所实施的乡村振兴战略中提出的农业产业发展。选准合作主体，选择有农业经营经验、有一定实力和知名度的农业经营主体。选好项目合作方式，选择投资产权相对清晰的项目，财政支农资金投入能形成独立资产，便于进行监管和合作主体经营失败后的资产清算。构建市级扶贫办针对扶贫项目使用出台容错机制，降低基层工作人员工作压力。加快农业折股量化扶贫项目试点示范推广。

第六章　全面建成小康后温州市折股量化扶贫政策转变

第一节　温州市扶贫工作成效及新的帮扶政策

一、温州市 2015—2020 年扶贫工作实施成效

2015 年以来，温州市围绕"两不愁三保障"和农村饮用水安全目标，全面实施低收入农户高水平全面小康计划，全力开展脱贫攻坚（2015 年 10 月份十八届五中全会把"扶贫攻坚"改成"脱贫攻坚"）行动，低收入农户增收每年均保持 2 位数增长。2015 年，温州市全面消除农村家庭人均年收入 4600 元以下绝对贫困现象，5 个欠发达县全部实现脱贫"摘帽"，实现了从消除绝对贫困向减缓相对贫困的历史跃迁。2019 年，温州市低收入农户人均可支配收入提高到 10973 元，增速位列浙江省第 4 位。2020 年，温州市低收入农户人均可支配收入 12713 元，同比增长 15.9%，增速位居全省前列；实现农村家庭人均年收入低于 8000 元、农村困难家庭无房危房等五清零目标。

温州市主要围绕以下七个方面推进扶贫工作[1]：一是持续开展易地搬迁、折股量化、来料加工、帮助就业等"四大促增收行动"，拓宽了低收入农户的增收渠道；二是坚持扶志与扶智并行，实施"两进两回行动"，畅通资本、人才、科技下乡渠道，盘活农村闲置农房，实现低收入农户有薪金、有租金、有股金收入，激发了促农增收的内生动力；三是创新建立"两不愁三保障"党政一把手背书制度，持续开展市领导 + 部门 + 企业挂钩结对帮扶活动，不断完善扶贫要素政策保障体制机制；四是在县、乡、村三个层面实施山海协作工程，推动形成以工促农、以城带乡、先富带后富格局，强化了"山海协作"的项目支撑；五是坚守高水平全面小康"一个都不少、一个都不掉队"的底线，开展"六排查六清零"专项行动，加强防止返贫的民生保障；六是以西部生态休闲产业带为主平台，实施乡村振兴战略，加速把中西部山区生态优势转化为发展优势，带动西部山区绿色崛起，一大批休闲农业、乡村民宿、农家餐饮、森林康养等新产业新业态快速发展，打造了"两山转化"的致富平台；七是加快补齐优质公共服务短板，建造"四好农村路"，

---

[1] 资料是根据 2020 年 12 月 14 日温州市农业农村局局长、市扶贫办主任何莉平在"小康中国·温州故事——全面建成小康社会"主题系列新闻发布会民生部门专场发言进行的整理。

推动农村电、气、通讯、物流等基础设施全面提档升级。

在温州市扶贫工作成效中，财政支农资金折股量化扶贫发挥了重要的作用，在多个宣传中均有重要篇幅报道这块工作。例如，发布在2020年10月17日的《农村信息报》上的《共同富裕道路上，一个也不能掉队——温州市推进精准扶贫促进农民增收实践记》① 一文指出，"如果说易地搬迁、产业帮扶、就业帮扶是精准扶贫的'老三样'，那么'折股量化'就是温州市扶贫工作的创新之举了。"文章对折股量化扶贫进行了如下描述："经过3年多的实践，温州市通过财政支农资金折股量化，改变了以往财政支农资金直接投入经营主体的方式，创新性地把财政资金注入村集体、折股量化到低收入农户、集中入股到企业，形成了'村集体＋农户＋企业'的紧密型利益联结模式和精准稳定持续的产业扶贫长效机制；折股量化投资已经成为温州推进扶贫产业的一个主要方向。"

2020年1月14日温州网发布的《温州：全力推进精准扶贫 开药方拔穷根确保实现全面小康》② 一文中，温州市农业农村局有关负责人指出，"温州市扶贫工作自2016年进入巩固消除'4600'成果、减缓相对贫困新阶段以来，全力推进精准扶贫。回望来时路，从平阳到泰顺，从苍南到文成，一个个增收脱贫故事，汇成决胜全面小康的答卷，其中，易地搬迁、折股量化扶贫、政企社联动等创新扶贫举措构建出专项扶贫、行业扶贫、社会扶贫的新模式，取得了良好效果。"从中可见，折股量化扶贫已经成为温州市精准扶贫重要方式之一。

2021年1月10日，《温州日报》头版报道了题为《温州创新财政支农"造血式"扶贫》③ 的文章，点赞了财政支农资金折股量化扶贫在助力农户增收致富方面的创新做法。文章指出，"传统的扶贫资金投入方式，主要用于贫困地区基础设施建设，或者直接补助给扶贫对象，存在"大水漫灌"现象，资金使用效益不高。而折股量化项目所得收益，按照一定比例，分别量化给村集体和低收入农户，以此形成'村集体＋低收入农户＋企业'的紧密型利益联结模式，实现财政资金'精准滴灌'，确保村集体经济和低收入农户双增收。"

a 杨怡.共同富裕道路上，一个也不能掉队——温州市推进精准扶贫促进农民增收实践记[N].农村信息报，2020-10-17（16）.

② 沙默.温州：全力推进精准扶贫 开药方拔穷根确保实现全面小康 [OR/OL].（2020-01-14）[2022-09-30].http://zj.people.com.cn/n2/2020/0114/c186951-33714150.html..

③ 柯哲人，张佳玮.温州创新财政支农"造血式"扶贫 [N].温州日报，2021-01-10.

二、全面建成小康社会后温州市低收入农户现状分析

（一）低收入农户基本情况

2020 年年末，温州全市共有低收入农户 8.64 万户、14.43 万人，占全市农户数的 3.12%，占全省低收入农户的 18.2%。根据温州市农业农村局相关部门数据分析，温州市低收入农户存在以下四种趋向。

（1）从地域分布分析，偏向于偏远区域群体。山区五县低收入农户户数和人数分别占全市 70%、69.2%。其中西部生态休闲产业带覆盖的西部 9 个县（市、区）、81 个乡镇，虽然乡镇数量只占全市的 44%，但区域内低收入农户占全市 86.8%。同时，该产业带上的 304 个省重点帮扶村，占全市列入省名单的 85.2%，占全省的 12.7%。

（2）从就业分布分析，偏向于无固定职业群体。调查发现，温州全市低收入农户外出务工数为 3785 人，占比为 2.8%；未外出务工数为 131366 人，占比 97.2%。走访发现，外出务工人员大部分以打零工为主，没有长期固定的职业。

（3）从文化素质分析，偏向于低学历弱势群体。通过对低收入农户调查样本进行分析，受教育程度为小学以下的人数占样本总数的 74.5%，初中程度占 17.3%，高中及以上占 8.2%。由于文化程度较低，家庭成员就业以简单的体力劳动为主，工资水平不高，从业的稳定性差，抵抗风险的能力弱。

（4）从风险类型分析，偏向于无劳力或弱劳力群体。截至 2021 年 7 月底，温州全市低收入农户中，因缺失劳动力致困占 17.2%、因病致困占 33.6%、因残致困占 37.5%、因学致困占 2.9%，四者合计占了 91.2%，其他如因灾等占 8.8%。其中，16 周岁以下人口占 8.7%，60 周岁以上占 49.9%，非劳动力年龄比重较高。

（二）低收入农户收入现状

2020 年，温州全市低收入农户人均可支配收入 12713 元，与农民可支配收入比为 0.392，低于省均 0.450。具体分析如下。

（1）地区差距较大，整体水平靠后。2020 年，温州市全面消除农村困难家庭人均年收入 8000 元现象，低收入农户人均可支配收入绝对值居全省第十。从收入水平看，低收入农户和全体居民之间的差距仍呈扩大趋势，2018 年低收入农户人均可支配收入比全体居民低 37252 元，2020 年两者差

距达到 41312 元，人均收入差距扩大了 4060 元。

（2）四大收入不均，自身造血不足。2020 年，温州市农民人均工资性收入、经营性净收入、财产性净收入、转移性净收入四大收入占总收入的比重分别为 58.2%、24.1%、5.2%、12.5%，主要以工资性收入为主；低收入农户上述四大人均收入占比分别是 28.6%、9.2%、0.6%、61.6%，主要以转移性收入为主。其中，农民四大收入分别是低收入农户对应收入水平的 5.2 倍、6.7 倍、23.4 倍、0.5 倍。

（3）村经济发展存在差异，增收受益受限。2020 年，温州全市经济相对发达的五区（市）村集体收入 37.26 亿元，占全市 69.8%，村均收入达 311.3 万元，是山区五县村均 3.6 倍。其中，鹿城区、瓯海区、龙湾区、洞头区、瑞安市和乐清市等六个区（市）村均经营收入 179.6 万元，是文成、泰顺、平阳、苍南、永嘉等五县村均的 6.3 倍。六区（市）村民年人均收益 362.3 元，是五县的 4.1 倍。个别村收入差距更加明显，如乐清下山头村，通过乡贤回归引领产业回归，建立了"三金"（租金、股金和薪金）共富的发展机制，2020 年该村城乡居民收入比缩小至 1.51：1，远低于省均 1.96：1。

综上可见，虽然温州市已经于 2020 年全面建成小康社会，实现了从消除绝对贫困向减缓相对贫困的历史跃迁，但是温州市低收入农户人口数量多，地理位置偏且处于偏远山区，就业能力弱，需要继续推进低收入农户帮扶工作，巩固脱贫攻坚战成果。

三、2020 年以来温州市出台的相关扶贫政策

在打赢脱贫攻坚战、全面建成小康社会后，进一步巩固拓展脱贫攻坚成果，接续推动脱贫地区发展和乡村全面振兴，是"十四五"期间农村工作特别是脱贫地区农村工作的重点任务。在 2020 年中央农村工作会议上，习近平总书记指出，"党中央决定，脱贫攻坚目标任务完成后，对摆脱贫困的县，从脱贫之日起设立 5 年过渡期。过渡期内要保持主要帮扶政策总体稳定。对现有帮扶政策逐项分类优化调整，合理把握调整节奏、力度、时限，逐步实现由集中资源支持脱贫攻坚向全面推进乡村振兴平稳过渡"。[①] 随后中共中央、国务院印发《关于实现巩固拓展脱贫攻坚成果同乡村振兴有效衔接的意

---

① 王晓毅.实现脱贫攻坚成果与乡村振兴有效衔接 [OR/OL].（2022-02-02）[2022-10-09]. https://m.gmw.cn/baijia/2022-02/01/35490768.html.

见》提出，"脱贫摘帽不是终点，而是新生活、新奋斗的起点。打赢脱贫攻坚战、全面建成小康社会后，要在巩固拓展脱贫攻坚成果的基础上，做好乡村振兴这篇大文章，接续推进脱贫地区发展和群众生活改善。"

党的十九届五中全会向着更远的目标谋划共同富裕，提出了"全体人民共同富裕取得更为明显的实质性进展"的目标。国家"十四五"规划和2035年远景目标纲要提出，支持浙江高质量发展建设共同富裕示范区。《浙江高质量发展建设共同富裕示范区实施方案（2021—2025年）》中提出，率先基本形成以中等收入群体为主体的橄榄型社会结构，努力成为地区、城乡和收入差距持续缩小的省域范例，城镇居民、农村居民内部高低收入人群收入差距持续缩小，低收入群体增收能力、生活品质和社会福利水平明显提升。同时该实施方案中还提出，要创新实施先富带后富"三同步"行动。紧盯缩小地区、城乡、收入差距，制定实施"三同步"行动方案，系统化建立先富带后富的帮促政策制度，集成建设省域帮促数字化系统，建设新型帮共体。实施低收入群体同步基本实现现代化行动，开发覆盖城乡、多跨协同、政策集成的低收入群体持续增收数字化重大应用场景，建立标准化清单化帮促制度，建立分类改善城乡低收入群体生活的精准政策体系。对有劳动能力的，强化开发式帮促，提高自我发展能力；对劳动增收能力较弱的，强化"帮扶＋保障"，探索建立低收入人群个人发展账户，逐步改善生活；对丧失劳动能力的，强化兜底保障，提高生活幸福感。

在国家层面实施的巩固拓展脱贫攻坚成果同乡村振兴有效衔接和共同富裕政策，以及浙江省高质量发展建设共同富裕示范区的政策背景下，温州市的扶贫工作调整为帮扶工作，与低收入农户增收有关的政策文件主要来自以下几个。

在《温州打造高质量发展建设共同富裕示范区市域样板行动方案（2021—2025年）》中提出，持续缩小城乡财政支出差距，推动财政支出重点向弱势群体、薄弱领域、农村、山区倾斜，稳步提高土地出让收益用于乡村振兴比例，到2025年比例达到50%以上；探索完善第三次分配机制，营造良好的社会帮扶和助弱环境，建立和完善"一部分人先富，先富带后富、帮后富"的社会再分配机制和体系；实施城乡居民收入倍增行动，以增加城乡居民收入为重点，积极推动富民增收与经济增长互促共进，高度关注"平均数以下"问题，确保共同富裕"一个不少、一户不落"；实施低收入群体收入五年倍增计划，制定低收入群体同步基本实现现代化行动方案，进一步加大低收入群体增收扶持力度，对有劳动能力的农户实施产业带动，总结推广文成农民资产入股等模式，通过契约型、分红型、股权型等利益联结机制，促进低收入农户持续增收；深入实施零就业家庭"清零行动"，鼓励针对低收入群体设置公益岗位和"爱心岗位"，加强就业困难人员托底安置和帮扶。全面开展支出型贫困救助，减免低收入群体各类保险费用，落实低收入群体水电费、通信网络费、燃气费、公共交通出行费、门诊诊疗费等减免政策。

温州市民政局印发的《"扩中""提低"专项行动方案（2021—2025 年）》中提出，实施低收入群体造血增收共富计划，成立慈善助力共同富裕帮扶联盟，从就业、产品销售等方面，"分门别类"给予持续不断的帮扶；开展"招善引慈"项目对接，梳理助残助医助老助学等帮扶项目 50 个，主动对接企业家、乡贤等，设立共富基金 12 家，搭建先富带动后富的平台；打造"强农业、美农村、富农民"的慈善项目 30 个，积极探索扶贫产品慈善定制服务，助力乡村振兴。

温州市人民政府发布的《关于进一步帮扶特殊群体推进共同富裕的若干政策意见》（温政发〔2022〕6 号）提出，进一步帮扶困难群众、残障人士、老年人、孤困儿童、低收入农户等特殊群体，着力提升人民群众在"续写创新史、走好共富路"进程中的获得感、幸福感；到 2025 年，特殊群体长效帮扶机制和政策体系基本健全，全市年低保标准 1.3 万元以上，消除农村家庭人均年收入 1.3 万元以下现象，居民人均收入达到 7.7 万元，家庭年可支配收入 10 万元～50 万元的群体比例达到 80%。该文件还提出，将财政支农资金折股量化帮扶作为完善创业帮扶机制的一种方式，实施财政支农资金折股量化项目帮扶，建立"社会资本＋村集体＋低收入农户"的紧密型利益联结机制；折股量化帮扶资金收益由村集体和低收入农户共享，低收入农户收益占比不低于 50%，收益在复核中不计入家庭收入范围。

第二节　温州市出台折股量化帮扶政策

2020 年 8 月到 2021 年 5 月，温州市农业农村局和温州市财政局委托本书作者成立研究小组，共同研究制定温州市全面建成小康社会以及打造共同富裕示范区市域样板背景下财政支农资金折股量化帮扶政策如何调整。经过半年多时间的研究及不断打磨，2021 年 9 月温州市农业农村局和温州市财政局联合发布了《关于全面推进财政支农资金折股量化帮扶助推共同富裕的指导意见》（温农发〔2021〕68 号，以下简称《全面推进指导意见》）。该文件相比原先出台的《温州市财政支农资金折股量化扶贫试点工作实施意见》（温府办〔2017〕5号，以下简称《试点工作实施意见》），其主要差别体现在以下几个方面。

一、总体要求从试点向扩面提效转变

《试点工作实施意见》主要要求是鼓励各县（市、区）先行先试，而《全面推进指导意见》的总体要求是"顺应新形势新要求，在总结试点经验的基础上，进一步深化财政支农资金折股量化帮扶扩面提效，推动各类经营主体与村集体和农户形成紧密联结，实现巩固拓展脱贫攻坚成果同乡村振兴有效衔接，助推我市共同富裕示范区市域样板创建"。

目标要求也从原先"全市带动1500户以上低收入农户增收致富"，调整为"带动500个以上帮促村集体经济年收入增加3万元以上，带动1万户低收入农户户均年增收1500元以上"。同时《全面推进指导意见》对政府财政资金投入和项目管理做了具体要求，即"'十四五'期间，全市新增财政支农资金5亿元以上投入折股量化帮扶项目，建立项目资产管理平台"。

二、持股主体明确界定为村集体

《试点工作实施意见》的持股主体范围较广，包括"农民专业合作社、家庭农场、农村集体经济组织、龙头企业、国有投资主体及有意愿参与扶贫的其他经营主体"。但经过多年试点工作发现，将农民专业合作社、家庭农场、龙头企业等作为经营主体，财政资金投入后因为经营风险可能会造成财政资金流失，基层干部责任和监管的风险较大。而以村集体作为财政支农资金的持股主体，并将资金投入项目，能够使财政资金得到村集体经济组织的长期监管，同时带动村集体增收，是一个相对较为合适的持股主体。所以在《全面推进指导意见》中明确了"以村集体作为持股主体"，"折股量化帮扶资金注入村集体，由村集体投入项目，所形成的资产（股份）由村集体持有"。

三、受益对象扩展到村集体

《试点工作实施意见》中的受益对象主要是低收入农户，要求"受益对象应遵规守纪，诚实守信，无吸毒贩毒打赌① 等违法行为，自愿参与、主动

---

① 方言，赌博意。

接受财政支农资金折股量化扶贫方式，与经营主体形成利益联结体，并通过自己的劳动进一步提高收入。对于不需要受益对象投入土地、劳动、资金等资源的项目，每年根据其家庭收入变化实行动态管理"。

而《全面推进指导意见》将受益对象界定为村集体和低收入农户。受益的村集体以乡村振兴重点帮促村和相对薄弱村为主，兼顾其他村。受益的低收入农户应守法诚信，无吸毒、贩毒、赌博等违法行为，自愿参与、主动接受折股量化帮扶；优先照顾没有劳动能力及因病因学等刚性支出负担较重的低收入农户。

四、设置了优先选择的项目类型

在项目类型方面，《试点工作实施意见》中指出，各县（市、区）可结合各地实际情况，从中选择市场风险小、收益长期稳定的项目用于实施折股量化，包括农村自然资源开发、农业公共服务平台建设、农业产业和经营性集体物业等项目；而《全面推进指导意见》提出，从乡村振兴规划和资源禀赋遴选项目，积极参与农村自然资源开发、农业公共服务平台建设、农业产业和经营性集体物业等项目，鼓励在"未来乡村"创建、田园综合体试点、现代农业产业园建设等农业产业融合项目中择优实施折股量化帮扶。

五、入股模式有所不同

《试点工作实施意见》指出，根据受益对象是否有土地、劳动力、资金等资源投入，分为两种形式：一是单一利用政府支农资金或挂钩帮扶资金投资于第三方实施主体的项目，所形成的资产折股给政府委托持股主体持有，按照动态管理的原则，收益量化给低收入农户；二是低收入农户利用土地、农房、资金、劳动力等资源入股，财政资金投资于项目实施后所形成的资产直接折股量化给受益对象持有。

《全面推进指导意见》提出了三种入股的方式：一是资金入股，村集体将折股量化帮扶资金以股金形式直接投入承接主体，并在协议中规定股金的具体用途，由项目承接主体用于建设或投资形成经营性物化资产。二是物化资产入股，村集体将折股量化帮扶资金用于投资建设或购买经营性物化资产，或直接以土地、农房、设施用房等入股的，经过具备资质的第三方机构评估后，按实物资产评估确定的公允价值入股承接主体。三是劳动力入股，支持在折股量化帮扶收益中设立劳动股，鼓励项目承接主体与有劳动能力的低收入农户建立长期雇佣关系；对参与劳动超过一定年限的低收入农户，除正常劳动报酬外，再额外获得一定比例的折股量化收益，且不因低收入农户身份改变而退出，直至项目经营期满或解除雇佣关系，激发低收入农户参与劳动的积极性。

六、经营模式更加清晰

《试点工作实施意见》并未对折股量化项目的利益联结机制、运营期限等做出明确规定。《全面推进指导意见》在试点工作的基础了明确了具体经营模式，做了如下要求：构建"村集体＋农户＋企业"多种利益联结机制，折股量化帮扶项目由承接主体自主经营，或通过委托经营、打包租赁等方式由第三方进行运营；项目运营期限原则上应不少于5年，运营期不足5年的，折股量化帮扶资金所形成的资金或资产由县级统筹用于其他折股量化项目；项目承接主体为村集体的，选择自主经营模式时，要充分评估运营能力，防止项目实施期内出现安全风险。

七、收益分配更加细化

《试点工作实施意见》对收益分配做了笼统的方向性的指导意见，具体内容包括：折股量化资金可以采取普通股的形式入股经营主体，低收入农户与企业共担风险，并按股权获得分红；或以优先股形式入股经营主体，享有固定收益和一定分红，不参与企业决策和承担企业风险；两种入股形式具体分配方案及合同期满后的入股资产处置方案依据项目实施主体、项目内容的具体情况，由相关主体协商并以协议的方式加以确定；具体分配方案可采取"盈利分红""固定回报""固定收益＋分红""价格补贴＋分红"等形式，一般要求实施折股量化的项目年收益率达到5%以上，并建立健全收益保底机制，保障低收入农户尽快获取收益并在项目持续期内拥有稳定合理的回报。

而《全面推进指导意见》对于收益方式、收益率、收益分配、动态调整等做了详细说明，具体如下。

（1）收益方式。村集体与承接主体按照"平等自愿、利益共享、风险共担、积累共有"的原则，合理商议村集体所占股权比例及收益分配方式；可以视情况采取"固定收益""保底收益＋分红""农产品价格浮动调整收益率"等分配方式。

（2）收益率。合理约定项目收益率，原则上折股量化项目年收益率应不低于银行同期五年期以上贷款市场报价利率（LPR）对农业产业类项目，可酌情降低收益率。在项目实施过程中，如遇到特殊情况确需调低收益率的，须报项目原审批部门同意。收益支付时间由双方约定，并以整年度计算。

（3）收益分配。折股量化帮扶资金收益由村集体和低收入农户共享，低收入农户收益占比应不低于50%。村集体收益部分可提取一定的资金，统筹用于帮扶低收入农户。村集体或农户以土地或自有资金入股的，根据协议约定获得收益。

（4）动态调整。折股量化帮扶资金所得收益用于帮扶低收入农户部分（不含劳动力入股），应根据低收入农户动态管理同步调整。因低收入农户基数减少，收益分配后结余较多的，可适当提高户均收益分配额，但一般不超过原协议约定标准的2倍。

八、风险防范机制更加细化

《试点工作实施意见》对于折股量化的监督机制和风险防范机制做了方向的指引，具体内容如下。

一是构建公开、公示机制。从参与折股量化的财政支农资金分配、项目筛选、受益对象确定、项目执行结果以及绩效评价等全过程在县（市、区）扶贫、财政、乡镇政府网站和项目所在地进行公示。股权量化方案、决议和台账需报所在地乡镇人民政府和县（市、区）主管部门备案，并建立折股量帮扶项目年报制度。

二是构建部门监督机制。县（市、区）扶贫、财政和相关部门负责对实施主体的资格审查，加强项目资金使用的监管，加强对项目实施主体经营状况及财务状况的监督，保障资金安全及受益对象的利益。

三是构建第三方评估机制。市和县（市、区）委托第三方，开展折股量化资金使用绩效评估。评估结果作为精准扶贫考核和扶贫资金分配的重要因素之一。

四是构建风险防范机制。经营主体不得将资产收益扶贫项目投资形成的资产作为抵押资产，对运营方出现经营不善导致破产或不履行分红协议的可按照法律程序，优先保障低收入农户的资产受益权。有条件的地方要建立与之相适应多层次的风险防范机制，对出险项目进行适度补偿。

而《全面推进指导意见》对于全过程监管、负面清单、建立股权转让退出机制等做了详细说明，具体如下。

一是加强全过程监管。依托农村"三资管理"平台，启动建设"财政支农资金折股量化帮扶项目监管系统"，及时做好资产登记，实施收益动态预警机制，村集体每年对项目经营情况和收益分配情况定期进行公示。依托农村产权交易平台，对折股量化项目涉及的土地流转、股权资产转让等进行确权监管。建立县、乡、村监管机制，县级主管部门会同财政部门对实施项目进行抽查，乡镇（街道）和村集体每年进行不少于一次实地检查。承接主体每年要进行项目运营情况和风险评估，并报送持股主体。村集体应在村账相应科目中增设"折股量化帮扶资产及收益"明细，将折股量化帮扶资产及所获得的收益与分配纳入专账管理，明晰核算。

二是明确"负面清单"。项目存续期内，承接主体正常经营，且按时履约的，持股主体及成员不得随意要求退股；承接主体正常经营的，无特殊情况不得减少或延迟支付收益；折股量化的股金、物化资产不得对外进行担保、融资；严禁简单入股分红、明股实债、扶贫小额信贷"户贷企用"等各类借财政支农资金折股量化帮扶名义实施的违规行为。若出现以上情况，有关部门应责令相关主体限期整改，情节严重的依法依规追究责任。

三是建立股权转让退出机制。投资双方应当在合作协议中明确股权转让条件和具体方式，保障投资安全和利益。明确了股权转让条件，满足以下任一条件时，持股主体可申请启动退出机制：承接主体出现违反国家相关法律法规行为；承接主体投资进度缓慢或经营策略发生重大变动，不能按约定完成预定目标；承接主体经营状况经预期评估，已无力保障村集体、低收入农户和其他村民合理收益；承接主体故意伪造或提供虚假文件、证明、财务报表等；其他约定需退出的情况。明确了股权转让方式。持股主体与承接主体经双方协商一致，在保障村集体和低收入农户投资权益的基础上，确定转让具体方式，包括由承接主体利用自有资金购买村集体持有股份的方式转让；持股主体向第三方转让股权后退出；清算退出；其他协商确定的方式退出。明确了股权转让价格。原则上由投资双方在合作协议中约定，在具体实施中，应综合考虑合作时间、收益情况，并结合投资原始价值和股权现值等，合理约定股权转让价格。

九、工作流程更加细化

《试点工作实施意见》对于制定实施方案、项目申报、项目审批和项目实施做了方向性指引，具体内容如下。

制定实施方案：县（市、区）制定折股量化帮扶的实施方案，重点明确资金筹集、项目选择、利益分配、帮扶对象筛选等具体内容和要求。

项目申报：按照公开、公平、公正原则，发布项目申报公告，明确申报条件、申报时间、受理单位、承担义务和政策支持等具体要求。

项目审批：由县（市、区）扶贫、财政部门牵头，组织相关部门，对经乡镇政府集体研究的申报项目，进行择优评选。经县级财政、扶贫公共信息平台公示无异议，发文公布合作对象和项目，县级财政、扶贫和乡镇政府与合作单位及受益的低收入农户或代表其利益的主体签订合作协议。

项目实施：各方按照合作协议抓好项目实施，县级财政、扶贫部门及时下达补助资金，实施主体及时履行帮扶义务，按时支付折股收益。

而《全面推进指导意见》对于项目申报、项目遴选、项目审批、公告公示、签订协议、项目建设等做了详细说明，具体如下。

项目申报：县级公开发布项目申报通知，明确申报条件、申报时间、受理单位、承担义务和政策支持等具体要求；各乡镇（街道）政府牵头组织项目申报工作，由项目实施村集体或乡镇（街道）负责制定折股量化帮扶项目实施方案，经乡镇（街道）政府审核后，报县级主管部门和财政部门。

项目遴选：县级主管部门会同财政部门和有关专家组成评审组，对项目的合规性、可行性以及项目承接主体的经营能力、收益率、占股比例、分配方式、风险防范措施等进行科学论证，必要时可再委托第三方机构进行论证研究；符合实施条件的项目纳入县级项目储备库管理。

项目审批：县级主管部门和财政部门根据当年度折股量化帮扶资金预算和年度实施计划，在县级项目储备库中择优选取实施项目，经批准后予以立项。

公告公示：折股量化项目入库之前，需对承接主体、合作项目、入股方案等信息在乡镇（街道）平台进行公示。项目立项之后，需将折股量化帮扶项目有关情况分别在县、乡镇（街道）、村三级予以公告。

签订协议：项目立项公告无异议后，村集体与承接主体签订项目合作协议，乡镇（街道）政府与项目实施村集体签订收益分配协议，并报县级主管部门和财政部门备案。

项目建设：承接主体按协议约定和立项计划进行工程招标。实施主体要全程加强对建设项目的跟踪督导，必要时聘请具有相应资质的工程监理公司对项目的全过程或某一单项工程、某一阶段的工作进行监理。

资金拨付：县级财政部门要会同主管部门及时下达帮扶资金，再由村集体拨付给承接主体；以物化资产形式入股的，依法定程序办理交接手续，同时进行股权登记；重大项目可协议约定进行资金预拨，并根据工程项目实施进度分期拨付，项目整体验收后进行一次性结算。

项目验收：根据验收性质分为工程竣工验收和项目整体验收；折股量

化帮扶项目涉及工程建设的，工程竣工后由相关村集体或乡镇（街道）组织验收，出具工程竣工验收报告，按程序向县级主管部门提出项目整体验收申请；由县级主管部门牵头或授权乡镇（街道）政府负责，组织相关部门及专家进行项目整体验收；对不符合条件的项目，要限期整改，整改后仍达不到建设要求的取消项目立项，并酌情收回已拨付资金。此工作流程符合一般性工作要求，各地可结合实际，坚持"科学决策、责权一致、条块结合、公开透明、程序规范"的原则，对工作流程进行适当的优化。

第三节　折股量化帮扶项目数字化监管

在前面的调查过程中，我们发现折股量化帮扶项目并未纳入相关系统进行监管，随着折股量化项目的逐步推进，未来该项目将越来越多，届时随着相关部门人事调整，可能一些项目容易被遗漏而处于无人监管状态，这将不利于该项目的可持续发展。《关于全面推进财政支农资金折股量化帮扶助推共同富裕的指导意见》（温农发〔2021〕68号）提出，要依托农村"三资管理"平台，启动建设"财政支农资金折股量化帮扶项目监管系统"，及时做好资产登记，实施收益动态预警机制，村集体每年对项目经营情况和收益分配情况定期进行公示。本书作者针对该系统如何加强对折股量化帮扶项目的监管提出了如下建议。

一、现有系统概况

温州市村级集体经济项目监管系统是由温州市农业农村局开发的针对村级集体经济项目进行监管的"大数据管理平台"。各县市对乡镇及村集体报送的相关材料进行审核，并录入系统。通过该系统可以对所有村的集体经济发展情况进行实时监测，动态掌握每个村的经营性项目进展，特别是对进度异常的项目进行督导，对中途流产、终止的项目进行分析，对见效快、收益好、可复制的项目进行推广。监管系统为研究村集体经济发展策略提供了坚实的数据支撑，同时也进行了有效的监管。

随着各村的积极响应，村级经济项目蓬勃发展。各村集体通过集体经济项目带动共同富裕的策略也在持续推进，各村的集体经济项目数量越来越多，相关的资料也不断积累，项目及资料管理困难加剧，系统相对简单的信息储备和分析能力已经不能适应相应的需求。

此外，随着折股量化和共建共享项目的推广，各项目涉及的参与主体越来越多，包括不同的村集体、经营主体、受益对象等，需要监管的内容也更加复杂，包括参与的主体有哪些、资金情况如何、项目进度管理、后续效益情况、收益分配问题、持续经营的时间、协议修改及项目退出等，而其中持续性的收益分配和管理及对项目效益的持续监管成了一个重要的问题，而原系统在收益管理上的相应功能还相对比较单一，不足以处理如此复杂的任务。

因此，为提升各县市区和乡镇对村集体经济项目的监管效率，减轻重复输入信息的工作压力，拟在原有的温州市村级集体经济项目监管系统（图6.1）上做改造提升。

图 6.1 原系统界面

二、系统改造目标

（一）提升信息储备和分析能力

通过系统改造，补充原项目的缺失信息。补充的信息主要包括是否为财政补助类项目、填写财政补助文件号，是否收益分配类项目、是否折股量化类项目、是否共建共享项目。后期的项目上报也在原系统的基础上增加此类信息。信息补充主要为后期对项目进行分类统计和分析提供数据基础。

在项目申报、筹建和推进的过程中涉及的一些文件资料等可以在项目上报和项目管理等模块进行上传保存，并形成专门的资料库。资料库一是作为上级部门审核的依据，二是作为项目主管部门留存和查阅资料的资料库。

系统可根据不同的角色进行相关信息的查询、分析，可操作性强，信息显示精准、简明。例如，农业农村局工作人员以关注村集体参与情况和项目进度为主要目标的信息查询和分析应以显示村集体出资情况、建设情况为主要数据。财政局相关工作人员以关注财政资金到位情况和财政资金效益为主要目标时，以是否为财政项目进行分类，显示财政资金情况和效益情况等为主，从而有效帮助各部门提升工作效率和监管能力。

（二）增强收益监督和管理能力

在原系统上增加收益管理模块。收益管理模块主要监管收益分配类项目的营收情况和分配落实情况。根据项目上报的信息，系统自动归类并提示非折股量化类的收益分配类项目需根据实际情况在平台上登记收益及分配情况，并上传相关的佐证材料。折股量化类项目需在项目上报时根据系统要求提交收益分配方案，并在收益产生并分配之后登录平台登记收益及分配情况并上传佐证。

（三）完善风险预警及防控能力

在原系统上增加风险预警功能。根据项目收益登记的时间、登记的收益情况与计划时间及收益情况做数据对比，分析项目情况，并提示相关主体及时进行处理并对可能产生的风险情况做出预警。其主要内容包括收益产生的时间远远晚于预计时间、收益情况较大比例地小于预计情况、收益未落实到相关受益对象等。这样，当风险情况发生时，能通过有效的手段（如短信）通知到相应的主体进行及时处理和改进。

三、系统主要框架及模块说明

（一）主要功能及业务模块

财政资金项目监管系统设计主要包括系统概况、系统角色分配和核心业务功能三大模块，如图 6.2 所示。

系统概况主要介绍项目背景、系统环境和信息展现终端三个部分。

系统角色分配包括市级财政部门、市级农业农村局部门和县（市、区）农业部门。

核心业务功能包括项目申报、项目补报、项目收益分配、项目收益实施、非折股量化类项目收益登记、项目动态、督办 / 提醒、数据综合查询、统计分析 / 报表、数据大屏、预警系统、系统核心基础模块等部门。

财政资金项目监管系统
- 概括/环境
  - 背景
    - 为积极推进试点工作，成功探索出村集体+农户+企业的造血式帮扶新模式，精准扶贫取得显著成效
    - 为顺应新形势新要求，在总结试点经验基础上，坚持"产业为本、市场运作、效益明显、风险可控、分配合理"的原则，进一步深化财政支农资金折股量化帮扶扩面提效，推动各类经营主体与村集体和农户形成紧密联结，实现巩固拓展脱贫攻坚成果同乡村振兴有效衔接，建立助推共同富裕长效机制
  - 系统环境：依托现有农业村集体经济项目监管系统用户体系与项目体系升级开发
  - 展现端：PC电脑端、移动端
- 系统角色
  - 市级财政部门：监管与管理所有财政类项目权限、实时监督预警
  - 市级农业局部门：监管与管理所有农业项目权限、实时监督预警
  - 县市区农业部门：项目申报、进度更新、财政资金跟进、收益分配等管理整个项目流程
- 核心业务功能
  - 项目申报：填报项目基本信息表、财政补助文件号、是否折股量化、是否共享共建等财政类相关信息
  - 财政项目补报：现有项目完善财政项目相关基本信息
  - 项目收益分配
    - 折股量化项目需要定制分配方案
    - 分配方案需明确折股比例、分配起止时间、预计年收益等
    - 分配方案受益对象表
      - 明确具体受益对象、低收入农户与非低收入农户
      - 需区分受益村集体
      - 每个受益对象指定分配比例
    - 项目申报成功后配置，正常一个项目只需配置一次方案，变更修改方案会被系统记录
  - 项目收益实施
    - 针对折股量化项目分配方案，每个项目需按照方案要求分配实施收益
    - 实施收益每年度更新
    - 实施收益需上传详细凭证附件材料作为真实依据
    - 超过分配方案时间未分配的纳入预警系统
    - 受益对象实际收益金额与分配时分配比例应误差在N%为正常，超过则异常进入预警系统预警提示
  - 非折股类项目收益登记
    - 产生收益需及时录入系统
    - 收益情况分类细化村集体收益、低收入农户、非低收入农户、总收益等
    - 项目不产生收益的需将项目更改为终止项目
    - 在规定时间范围内，项目状态正常的从未上传过收益的项目会纳入预警系统
  - 项目动态
    - 任何项目资料修改变更动态，都会形成日志实时的动态展示
    - 子主题2
  - 督办提醒：每个项目环节都会短信提醒办理人
  - 数据综合查询
    - 项目资金收益汇总查询
    - 项目进度查询
    - 项目风险点查询（预警点）
    - 项目最定义指标查询
  - 统计分析/报表
    - 项目汇总统计表
    - 项目上报情况统计表
  - 数据大屏：项目分析仪表盘
  - 预警系统
    - 预警点管理
    - 预警阈值设置
    - 预警通知规则设置
    - 预警风险数据管理
    - 预警数据处理
    - 三色预警归类分析（红灯、黄灯、蓝灯）
    - 预警统计
  - 系统核心基础模块
    - 用户管理
    - 权限管理
    - 资源管理
    - 日志审计管理
    - 数据字典管理
    - 县市区管理
    - 街道管理
    - 村级信息管理
    - 系统数据安全监控平台

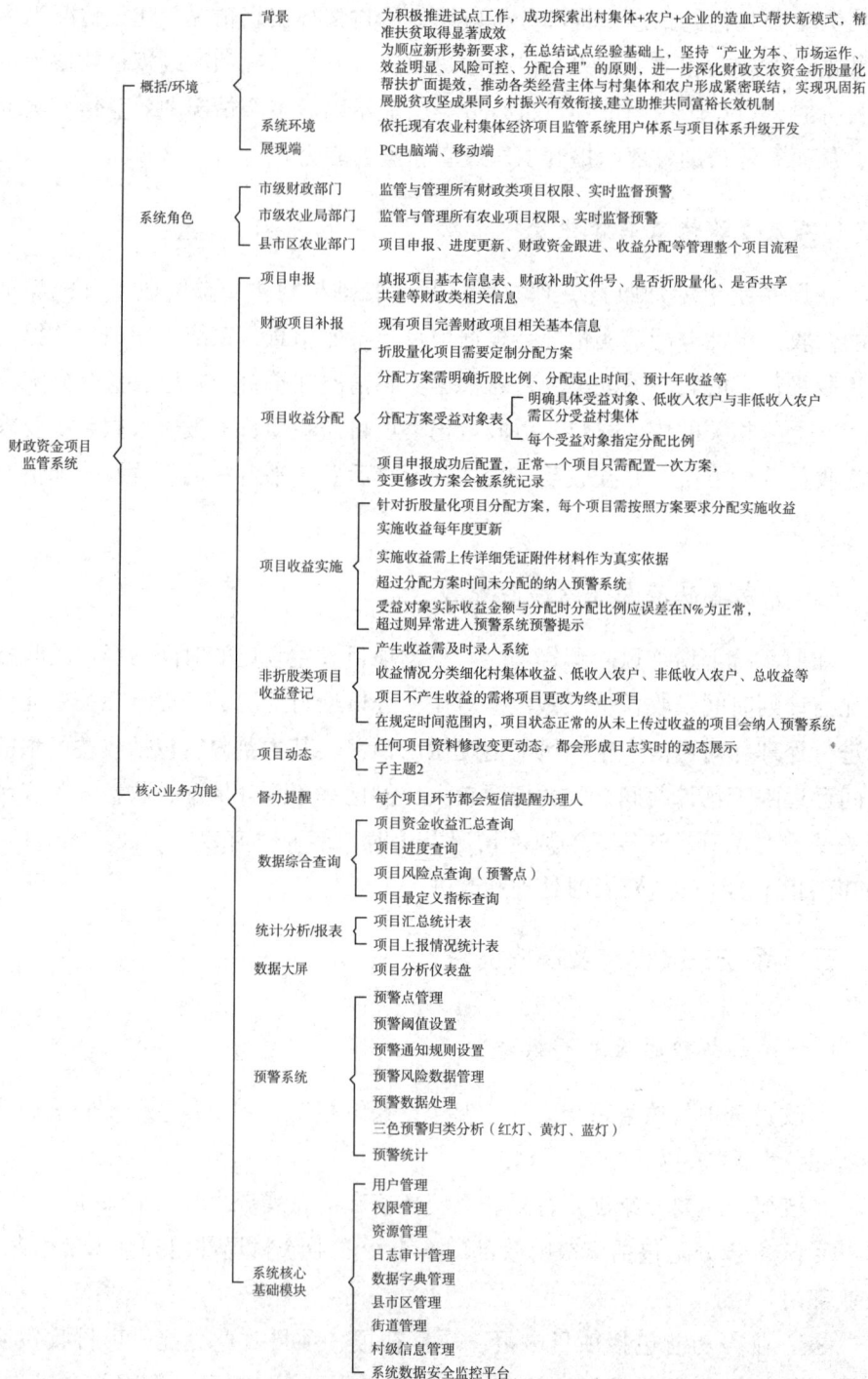

图 6.2　财政资金项目监管系统框架设计

（二）系统主要标签及选项

系统的主要标签分为统计分析、项目管理、系统管理和数据管理四大模块，如图 6.3 所示。

统计分析模块包括项目统计表、地区项目统计、数据综合查询、数据综合分析、风险预警和项目仪表盘等具体标签。

项目管理包括项目上报、未更新项目进度表、项目管理、项目进度管理、项目收益管理和我的项目等具体标签。

系统管理包括用户管理、角色管理、资源管理、系统配置和流水号管理等具体标签。

数据管理包括县（市、区）管理、街道管理和村信息管理等具体标签。

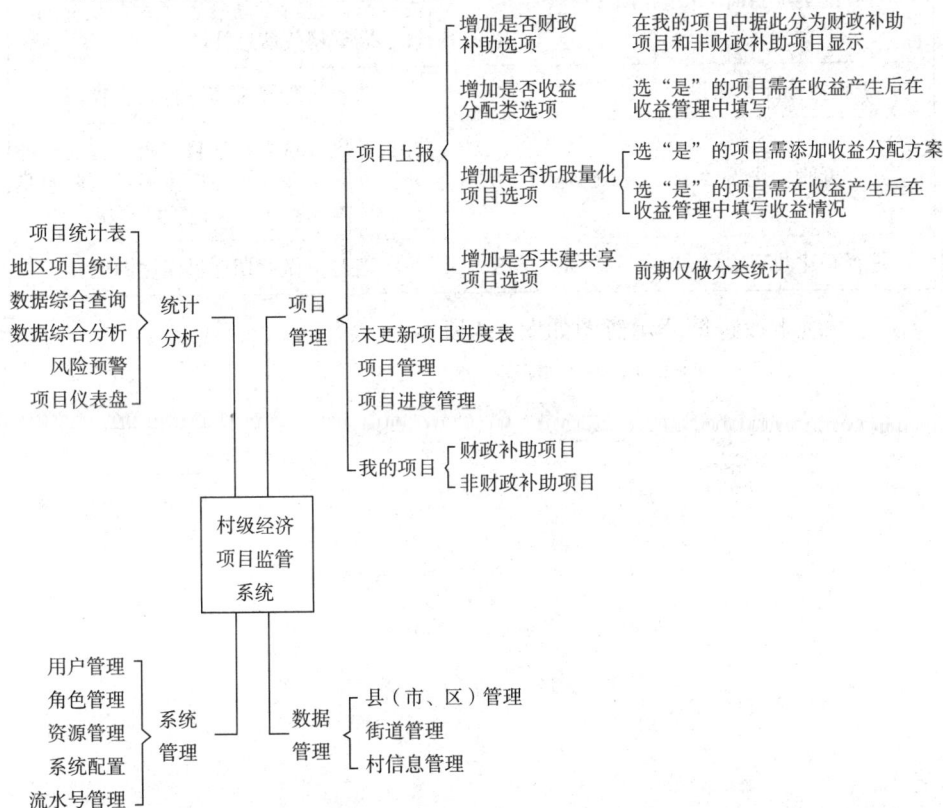

图 6.3　系统主要标签设计

四、系统改造具体要求

（一）一级标题项目管理中新增折股量化基础数据

在一级标题项目管理中的项目上报中增加表 6.1 中的选项内容。

表 6.1　新增折股量化项目信息

增加的问题	选项	备注
是否财政补助类项目	□是　□否	按照项目上报中填写的资金来源（有县级资金的均为财政补助项目）再次自动判定是否财政补助类项目，如填写有误的情况提示进行修改；原先的项目按照资金来源进行自动判定是否财政补助项目，提醒相关信息补填
选择"是"财政补助类项目时	跳出"请输入财政补助文件号"的填空	
是否收益分配类项目	□是　□否	收益分配类都需进行收益管理
是否折股量化项目	□是　□否	折股量化项目需在项目申报时提交收益分配方案，并在收益产生后填写收益情况，具体内容参考收益管理模块表格
是否共建共享项目	□是　□否	暂时只做后期项目属性的统计

原系统上改进简略示意图如图 6.4 所示。

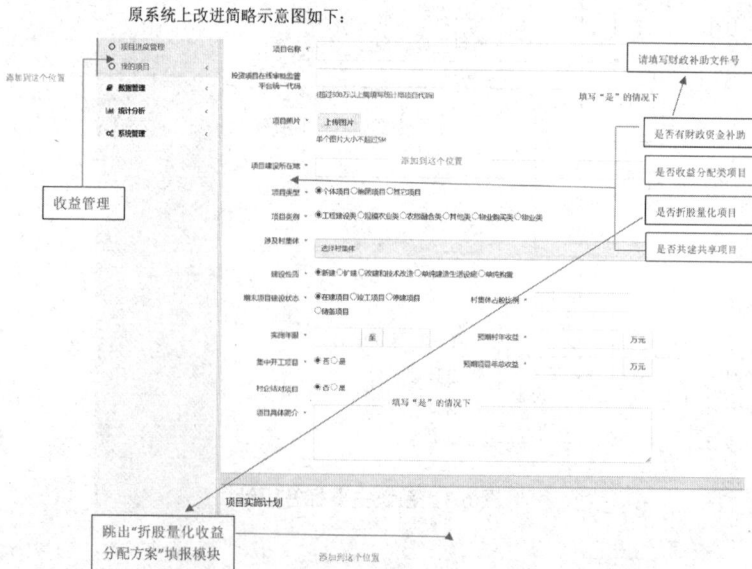

图 6.4　原系统上改进简略示意图

（二）一级标题项目管理中增加收益管理

系统对收益分配类项目进行专门的实际收益录入和管理。所有收益分配类项目都需要进行收益管理。

1.收益管理模块设计

点击一级标签"项目管理"下的项目"收益管理"选项，可以查看所有项目的项目属性和收益管理编辑情况，项目可根据筛选条件进行排序，默认按最邻近应添加收益的时间进行排序。现有系统具体项目显示（图6.5），可参考表6.2进行项目信息表单设计。

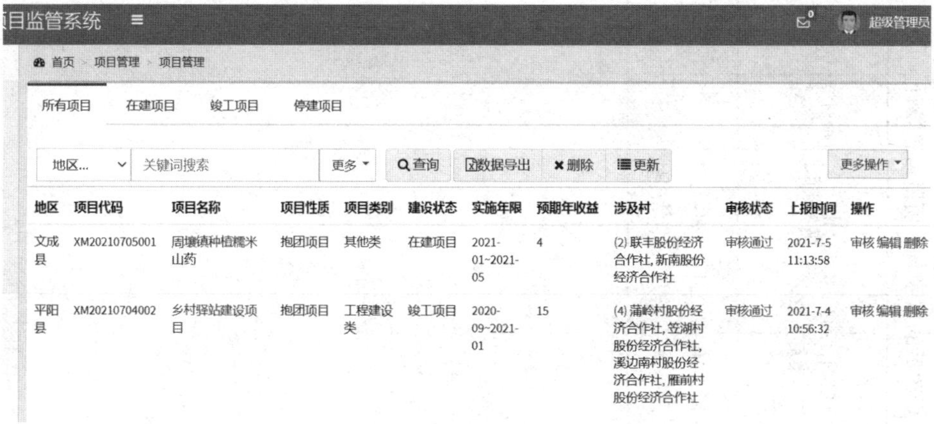

图 6.5　现有项目监管系统信息显示

表 6.2 更改后的监管系统项目信息设计

地区	项目代码	项目名称	是否财政补助项目	财政补助文件号	是否收益分配类	是否折股量化项目	是否共建共享类	项目性质	项目类别	建设状态	实施年限	预期年收益	涉及村	已添加收益年份	已分配收益总和	最新上报时间	审核状态	操作
文成县	XM20210705001	××项目	是	××	是	是	是	抱团项目	其他类	在建项目	2021-01—2021-05	4	××合作社，××股份经济合作社	20xx年；20xx年	××元	2021-07-05 11：13：58	审核通过	审核 编辑 删除

2.折股量化类收益分配项目收益管理

折股量化类项目需要在项目上报时根据选择跳出"收益分配方案"填写模块方可提交,收益分配方案需要填写的内容可参考表6.3。

每年收益产生并分配之后,县市区审核乡镇报送的材料后在收益管理中点击"编辑"选项进入相关表单填写收益及分配情况。填写的主要内容根据提交的收益分配方案生成的相关表格,具体内容可参考表6.4和表6.5。

表 6.3 项目基本情况

项目代码		项目名称	
地区		涉及村	
项目性质		项目类别	
建设状态		实施年限	
预期年收益			

注:此表不用填,根据项目填报自动生成。

表 6.4 收益分配方案相关信息填写

预计年收益	折股量化分配比例	预计折股量化收益	计划分配时间(起止)	受益对象(选择)	分配比例
				□ ××村集体（按涉及的村先自动生成备选）	
				□ ××村低收入农户（按涉及的村先自动生成备选）	
				□ ××村非低收入农户（按涉及的村先自动生成备选）	
				□其他	

注:放到前期的数据收集里,这里自动生成;分配方案如有修改,需要增加相关的会议纪要等佐证,由县里把关并负责修改;如果该方案被修改过需要在此处出现被修改过的记录和提示,并专门在某模块进行信息汇总。

表 6.5　收益分配实施情况相关信息填写

应分配年份（根据上表计划分配时间生成）	具体分配时间（年月日）	具体录入时间	受益对象（根据上表自动生成）	收益金额	附件名单	备注
202×年			如××村集体		上传附件	（1）时间到未分配需进行情况说明。（2）分配收益小于预计情况10%说明（可设置成自动提醒模式）
			××村低收入农户		上传附件	
			××村非低收入农户			
			其他			
202×年						
202×年						
202×年						

3. 非折股量化类收益分配项目的收益管理

非折股量化类项目不需要在项目上报时填写"收益分配方案"，只需要对具体收益产生及分配进行登记。县市区审核乡镇报送的材料后在收益管理中进入相关项目填写收益及分配情况。

（三）不同部门角色的增加和显示内容的个性化

系统增加财政角色，在财政局角色场景下，"项目管理"标签下的"我的项目"中显示所有项目、财政补助项目、非财政补助项目。其中财政补助项目按照上述的选项进行自动归类。每一次的添加和修改都需要重新由上级主管部门进行审核。

（四）项目信息中增加收益信息

通过一级标签"项目管理"中"我的项目"查看每一个项目具体信息时可以查看收益管理相关内容，包括收益分配方案和具体的收益分配情况。

（五）数据管理

数据管理主要是账号分配及县市区、乡镇及村集体基本信息管理。在原系统基础上完善相关责任人信息，相关责任人可收到通知短信。项目主体有权限进行上报、审核、查看等。

角色任务有乡镇申报提交纸质材料；乡镇审核并进行整理上报县市区；县市区专人审核、上报等。在项目填报不及时或落实不到位的情况下，村集体和乡镇会收到提醒短信，村集体需将相关情况传达给乡镇再提交县市区，县市区需要及时填写或说明。

（六）统计分析

1.项目统计表

财政角色下能查看各个县市区、乡镇、村集体的所有相关项目情况，可按照资金来源进行分类。项目按照县市区分类排列；点击县市区可显示下属的乡镇及村的情况，具体如表 6.6 所示。

表 6.6　主要显示表单参考

序号	县（市区）	财政补助项目数	财政项目总投资	财政资金总额	预计年收益	实际已分配收益

2.统计分析

系统可根据需要查询，如不同地区、不同类型的项目的资金性质（是否财政资金）、来源（资金来源）、建设情况（如是否在建、收益情况等），并形成表格。类似原系统，如图 6.6 所示。

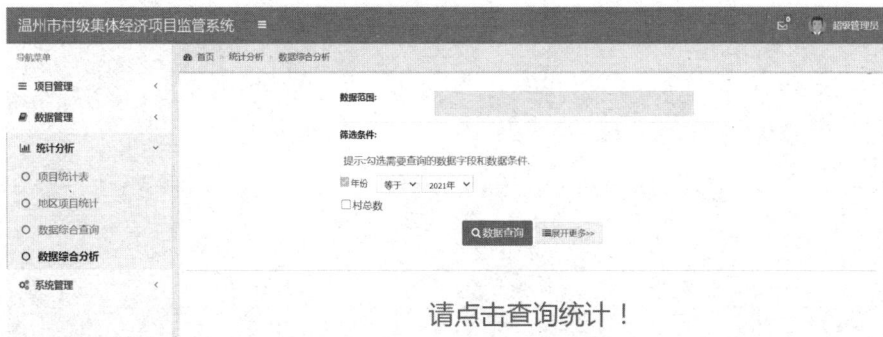

图 6.6　系统统计分析数据显示

3. 项目分析仪表盘

在完善上述查询功能的基础上可尝试设计仪表盘。例如在温州市地图上显示县市区项目数、资金到位数、收益数、不良率、不同地区项目类型比例等。

4. 预警系统设计

（1）收益填报提示：如预计分配收益的该年到第二年1月31日未填写，第一次提醒该项目所在乡镇及该项目涉及村集体；3月31未填写，第二次提醒，并要求填写情况说明并报送县级，系统记录；6月30日未填写第三次提醒，并报送市级，系统记录。

（2）实际收益偏低报警：如收益低于预计收益一定比例时，显示异常情况标识，并提醒相关主体等。

（3）折股量化承接主体相关风险：如折股量化企业方出现财务危机、信用危机或法律风险等，报送相关村集体和乡镇。

（4）财政资金平均收益率：折股量化、财政投入的值偏低时，提示后续项目审批相关主体。

（七）系统管理

根据系统设置需要进行设计，完善原村级集体经济项目监管系统。

第七章　温州市折股量化扶贫典型案例

通过深入实地开展调查，各地目前财政资金折股量化扶贫项目已经全面开花，本课题组从中选取了比较有代表性的 18 个项目进行经验总结，供其他各地参考，并将这些项目分为以下四个类别。

第一节 财政支农资金投入农村自然资源开发类项目

一、具体案例

（一）平阳县村集体光伏项目

平阳县根据省扶贫办等部门《关于印发浙江省"光伏小康工程"实施方案的通知》（浙扶贫办〔2016〕11 号）文件精神，按照精准扶贫要求，于 2016 年 10 月制定并印发了平阳县"光伏小康工程"实施方案。该方案计划在 200 个经济薄弱村实施光伏小康工程，其中 153 个省级结对帮扶扶贫重点村（农户年收入低于 8000 元），由省财政予以补助，从而带动农民增收。而其他低收入农户较集中的村，由县财政统筹扶贫资金予以补助，采用财政支农资金折股量化的方式发展村集体光伏产业，从而带动村集体经济年增加收入约 6 万元，受益低收入农户每年增加收入约 4000 元。

该项目引导各乡镇因地制宜，根据自身实际选择不同的建设模式。一是建设集中式扶贫光伏电站。充分利用荒坡荒地、沿海滩涂、鱼塘水面、农业大棚等场地架设太阳能电池板，建设农光、林光、渔光互补光伏电站。二是建设分布式光伏供电系统。以户为单位，优先利用屋面资源建设户用光伏供电系统，包括低收入农户、村级公共建筑、易地搬迁小区等屋顶光伏扶贫供电系统。对屋顶不适合建设的，可以按照集中式电站选址条件集中联户、以村带户等方式建设。经过县扶贫部门的积极引导和帮扶，各村最终利用村山地、B 类林地、学校操场、公共建筑屋顶等地，实现在 80 多个村投入 3500 多万元建设了 60 千瓦的光伏项目，各村的年收益达到 6 万元～8 万元。

项目建成后，实行按投入比例分配收益，个人投入归个人所得；村集体投入归村集体所得（包括集体资金、集体用地等其他集体资产）；财政扶贫资金投入收益由该村统筹用于帮助本村低收入农户重点帮扶对象发展生产和生活救济，确保符合条件的低收入农户和扶贫重点村按规定获得稳定收益。因此，大部分村建成的小型发电站的产权和收益归村集体所有，约定每年收益的 30% 归村集体所有，70% 的收益由重点帮扶对象分享。项目实施后平均每年可带动低收入农户增收 1000 ～ 3000 元。

从入股的方式上来讲，平阳县的光伏项目实行补助折股、自筹购股、企业入股（原则上要求承建的中标企业作为股东加入）等形式。县财政支农资金的加入很好地落实了财政支农资金折股量化的模式，即省、市、县级财政补助、村集体和农户的土地、资金等，均折算为低收入农户和扶贫重点村的股份。对于集中式和分布式联户项目，当地政府也积极指导相关主体成立项目公司（或股份制合作社），引导项目按规定分配股权和资产收益；要求在项目实施的过程中提供股权证明，列明入股方式、股权分红、退出等内容；允许并鼓励企业以现金投资入股方式参与光伏系统建设。

为了更好地保障实施的效果，县扶贫部门也在实施方案中明确了项目承建的方式和质保运维的要求。项目承建方面要求项目需根据光伏企业施工资质、同类项目施工经验、关键设备技术指标、工程概算、项目建设计价表等因素，通过市场方式统一公开招标，依法依规确定目标企业。中标企业负责集中式光伏电站项目设计周期内的管理及运维，按农光、林光、渔光互补模式落实农业生产经营，提高土地利用效率。质保运维方面要求光伏电站项目招标时，应明确质保要求、运维机制及费用等问题，在招标文件中列明，并在中标后订立的合同中明确约定。光伏组件和逆变器质保期不低于 10 年，相关技术指标须达到国家"光伏领跑者计划"明确的技术指标要求。中标企业应根据合同约定做好光伏电站的运行维护。县供电公司和中标企业要帮助乡村建立技术人员队伍，印制光伏设备使用维护手册，加强运维指导。

（二）温州市洞头区北岙街道大长坑村光伏扶贫项目

2017 年，洞头区在北岙街道大长坑村实施光伏扶贫试点，利用光伏发电，建设光伏车棚等基础设施实现村集体经济增收。项目总投资额达 120 万元，其中获得市级财政资金折股量化扶贫资金 60 万元、挂钩帮扶资金 20 万元，区级配套资金 20 万元，村集体自筹资金 20 万元，同时整合 2017 年度挂钩帮扶资金、区级配套资金、村级自筹资金等。该项目于 2018 年 4 月份建成并投入试运行。2018 年 5 月 10 日，北岙街道召集区委渔农办（农林水利局）、区发改局、区财政局、区供电公司等相关单位，对大长坑村光伏发电系统工程进行验收。经现场勘查和台账查阅，工程符合建设要求，顺利通过验收。

该项目光伏装机容量 120 千瓦，年发电量可达 11.2 万千瓦时，可直接解决该村 17 户贫困户及部分农户的用电问题，促进贫困户稳收增收，同时年可节能 45 吨标煤、减排二氧化碳 110 吨和二氧化硫 3.4 吨。2019 年项目年总收益预计达到 8.6 万元，其中 3.8 万元用于壮大村集体经济，4.8 万元用于带动 24 户低收入农户增收，户均年收入 2000 元以上。光伏项目让低收入农户特别是无生产劳动能力的低收入农户的生活有了更好的保障。

项目实施前，纪检监察组就在精准扶贫督查中发现，低收入农户大多为老弱病残者，其中有劳动能力的低收入农户相对较少，这些无法外出工作的低收入农户，传统的扶贫手段效果甚微，给脱贫攻坚带来了较大困难。因此，积极探索折股量化帮扶新模式就是将长期"输血"转变为自主"造血"，实现"治本"式扶贫的一种有效探索。该派驻纪检监察组主动督促和协商区农业农村局，开展项目研讨和落实，同时派驻纪检监察组进村入户，做好政策解读宣传、低收入农户全面核查，有力保障了项目的实施。

同时，洞头区农业农村局继续升级"产业＋村集体＋低收入农户"的折股量化新帮扶模式，利用海岛旅游城市的特点，积极发展一批如"星光海鲜城星光帐篷"、小朴村"星光"经济夜市等项目。这些项目既可为低收入农户就近提供就业岗位，又可将租金、部分经营收益以股份形式分发给低收入农户，既壮大了村集体经济，又实现低收入农户稳定增收。

2021 年 7 月，浙江省能源局来洞头区调研可再生能源发展规划情况和海洋滩涂利用情况，并召开座谈会，探讨可再生能源中的滩涂光伏能源未来发展工作。调研组先后前往望海楼与霓屿山尖观景平台两处观测制高点，对洞头区整体规划建设情况及海洋滩涂利用情况进行观测。这次调查指出洞头区海域面积占全市的 25.5%，拥有海岸线 351 千米，10 米等深线以内浅海约 177 平方千米，潮间带滩涂约 67.7 平方千米，可供浅海养殖面积约 48.6 平方千米，养殖用海约 28.3 平方千米，在发展滩涂光伏能源方面有着得天独厚的条件。截至 2020 年，洞头区屋顶光伏总装机容量 20.49 兆瓦，陆上风电场总装机容量 15.06 兆瓦，累计年发电量 1392 千瓦时。

在当前"碳达峰、碳中和"重大战略背景下，滩涂光伏能源等可再生能源的绿色低碳发展、产业结构调整，成为目前新发展理念实践。因此，洞头区的光伏产业大有可为，也必将是实施折股量化项目的重要载体。

（三）泰顺县罗阳镇三联村入股彭溪水电站项目

泰顺县彭溪水电站位于彭溪镇彭溪村，属沙埕港水系。彭溪水电站于1999年2月经县计经委组织水利局、供电局等有关部门对可研报告进行会审，并予以通过立项。电站坝址位于彭溪镇彭溪村黄竹丛，距彭溪镇所在地3.5千米，主源发源于凉尖西南海拔800米的山谷中。坝址以上控制集雨面积35平方千米，水库大坝采用双曲拱坝，高20米，总库容65万立方米。水电站装机容量2×800千瓦，年设计发电量410千瓦时。该工程总投资1148万元，于2004年7月5日正式并网发电。

泰顺县罗阳镇三联村投资彭溪水电站项目作为泰顺县2018年度第一批村级集体经济组织带动低收入农户增收项目补助对象，获得中央资金60万元的补助，每年获得7.5%固定分红，共计4.5万元。收入中的1.35万元归村集体，3.15万元用于对本村37户处于低保、低保边缘户及其他经济困难户等进行救助解难和就业培训。彭溪水电站于每年12月底将分红款支付给三联村。同时双方约定，三联村不得以任何形式或理由提出退还投资款的要求，且在投资期限内不管电站效益盈利或亏损均与三联村无涉，三联村不得以任何理由或其他借口参与彭溪水电站的经营、企业管理、合并、改制等企业行为。协议期内如果电站报废或者发生不可抗力造成电站无法运行生产的情况，则不再向三联村支付分红款。

（四）泰顺县"光伏小康工程"投融资项目

泰顺县列入2017年省"光伏小康工程"实施县，通过两年时间建成22.836兆瓦的光伏发电系统。泰顺县"行光伏小康工程"投融资项目采取由中标企业入股，财政资金投入，农户不需出资就能享受固定收益。该项目预计总投入16350万元，其中省财政资金6851万元，市财政资金320.29万元，县级财政资金4273.71万元，社会资本投资4905万元，帮扶全县低收入农户和56个扶贫重点村，为全县低收入农户每人每年获取1000元左右收入，村集体增收3万元左右。

2020年10月，泰顺县财政局正式发布《关于2020年度泰顺光伏小康项目第一批收益分配方案的通知》。通知要求有关乡镇人民政府，浙江宇丰水电集团有限公司落实《泰顺县"光伏小康工程"收益分配实施方案（试行）》（泰扶〔2019〕23号）精神，2020年度泰顺光伏小康项目第一批收益分配方案，要求相关主体按要求将资金及时发放到56个村和低收入农户。

分配方案一方面明确了资金来源，即截至 2020 年 6 月 30 日，按照县级以上财政资金（占总投资的 59.20%）按进度投入泰顺县"光伏小康工程"的金额、投入时间和目前平价上网电价 0.4153 元 / 千瓦时（相应回报率为 5.53%）先行结算投资固定回报计 509.0571 万元，国家、省补的电价补贴到位后再结算固定收益。

另一方面，明确了项目的收益分配对象，即原 52 个省级机关结对帮扶的扶贫重点村和 4 个项目所在地村共 56 个村按 13.09% 财政投资额（按投资额 24 万元 / 每村计算）享受投资固定回报，全县低收入农户 14865 人（2020 年 8 月底浙江省扶贫数字化管理系统内在册低收入农户）按 86.91% 财政投资额享受投资固定回报。经测算，56 个村集体和全县低收入农户收益分别为 1.1899 万元 / 村和 0.0297 万元 / 人。

根据《泰顺县财政扶贫资金县级报账制资金管理办法》要求，各乡镇及宇丰集团需做好补助对象花名册的整理和归档工作，并指导各村做好公示公告，及时办理报账手续；发放时需认真审核低收入农户的实际情况，并将已死亡人员和形成的结余资金及时函告县扶贫办，并在下一批收益中抵扣。

二、案例点评

财政支农资金初期投入农村自然资源开发类项目的以投入光伏产业的居多。

从适应性上来讲，因光伏类项目可利用林地、山地、公共场所屋顶等场所，各地各村一定程度上都具备这样的资源，叫在各县市区推广，适应的范围较大，同时对参与到光伏项目中的低收入农户的自身素质要求较低，尤其是无劳动能力的低收入农户可直接享受收益或以自家农房的屋顶等参与项目建设，因此从地域上和低收入农户参与度上都有较高的适应性。

从效益上来讲，根据前期的实际效益产出，平阳县村集体光伏项目获得的效益相对其他项目较高。究其原因，该项目于 2018 年 5 月 31 日前立项，得到了国家光伏项目的补贴，因而综合效益较高。而泰顺县"光伏小康工程"投融资项目虽是温州五个加快发展县实施的光伏小康县唯一一个，但该项目本计划在 2018 年完成，后延期至 2018 年 5 月 31 日后实施，而此时国家电价补贴政策已结束，因此影响了整体效益。所以如果收益的主要来源依靠国家政策的补贴来获得，那受政策影响较大，不利于长期稳定的发展。

从市场风险来讲，光伏发电的产出主要受天气和地域环境的影响，经过前期评估，一般来说产出比较稳定。而发电量的收购在前期由政府部门介入安排相关部门和公司直接进行收购,解决了农户的后顾之忧,且电力市场需求稳定,因此市场风险较小。从近两年疫情的影响来看,光伏企业虽然受到了影响,但对电力的需求基本无影响,因此已经建设的光伏项目可持续运作,而一些产业类或物业类的产业或多受到一定的影响。此外,光伏正逐步与储能、风能等多能融为一体,成为新型电力体系的重要组成部分,在"碳达峰、碳中和"目标指引下,我国将积极构建新能源为主体的新型电力系统,光伏将是未来新能源产业发展的生力军和主力军。"十四五"是我国实现"碳达峰"的关键窗口期,我国光伏行业也将迎来历史上最好的发展时期。随着光伏等清洁能源的持续发展,我国将在实现"碳达峰"和"碳中和"的路上越走越稳,因此依托光伏项目开展折股量化仍有较大的市场和前景。

第二节　财政支农资金投入农村经营性集体物业项目

一、具体案例

(一)平阳县腾蛟镇十村联建项目

平阳县腾蛟镇由大岭、仁加垟、秀垟、双坑、金岭桥、百尖、麻树、南胜、林坑、龙横等10个省级重点帮扶村联合购买南溪工业园区5亩土地,土地性质为国有土地,发展村集体经济项目,建设工业厂房。规划厂房面积10000平方米,预计总投入1000万元,其中90%由财政扶贫资金投入,10%由村集体自筹资金。项目建设完成后的厂房用于出租,租金归10个村所有,每个村每年可实现租金收入不低于21.6万元。村每年收益的70%帮助本村低收入农户发展生产和生活救助,30%用于村小型公益项目和集体经济建设项目。该项目由10个村所在的股份经济合作社联合成立的温州春建文化用品公司进行经营管理,各村所占比例均为10%。

为确保项目的落地和执行,腾蛟镇人民政府下达2018年度平阳县腾蛟镇十村联建项目绩效目标任务。任务要求为进一步落实扶贫项目资金绩效管理要求,提高扶贫资金使用效益,据《中共中央国务院关于全面实施预算绩效管理的意见》(中发〔2018〕34号)、《浙江省财政厅浙江省扶贫办公室关于印发浙江省财政专项扶贫项目资金绩效管理办法的通知》(浙财农〔2018〕54号)等文件精神,制定了数量指标、质量指标、经济指标、社会指标和满意度指标，以确保目标任务全面完成。其中，具体指标包含数量指标：参与该项目低收入农户人数不低于总数的15%；质量指标：项目收益中村集体比例不低于10%；经济指标：村集体经济年收益不少于21.6万元，参与的低收入农户人均年收入不少于1000元左右；社会指标：带动建档立卡低收入农户不低于总数的15%;满意度指标：参与项目低收入农户满意度不低于80%。

（二）苍南县钱库镇45个村抱团购买小微企业创业园项目

为了有效壮大村集体经济，切实做好经济薄弱村消除工作，真正带动低收入农户增收，苍南县钱库镇新农村建设有限公司和东浃头村、李家车等45个村联合成立温州市钱库振农建设开发有限公司抱团购买部分苍南县钱库小微企业创业园一期（新安）厂房出租。项目地点位于新安社区西谢村、廖家垟、金龙村、新社村等，总占地面积196亩，建筑总面积30.6万平方米，项目总投资约7.2亿元，其中钱库镇45个消薄村购买厂房22500平方米，购买总价约为4500万元。投入使用后由温州市钱库振农建设开发有限公司统一招租和统一分配收益，预计每村增收5万元/年～8万元/年。该项目2017年12月完成土地出让，2018年3月进场施工，2019年1月厂房结顶，2019年12月验收交付使用。温州市钱库振农建设开发有限公司和钱库镇45个消薄村在2018年1月签订村企参股协议。资金来源主要有财政补助1800万元，45个村每个村投入100万，其中财政补助40万元，45个村每个村扶贫资金折股量化20万元，剩余资金由村通过银行贷款和自筹进行解决。

该折股量化项目的合作方式为：以温州市钱库振农建设开发有限公司为主体，由温州市钱库振农建设开发有限公司和东浃头村股份经济合作社、李家车村股份经济合作社等45个村股份经济合作社共同投资购买厂房出租（购买后由温州市钱库振农建设开发有限公司统一招租和统一分配收益，原则上温州市钱库振农建设开发有限公司不参加出资和收益）。投资收益有：出租厂房资金，投入运营后第一年每村预计5万元～8万元（收益按照实际行情而定）。折股量化扶贫资金以普通股形式入股，收益按实际占股比例（约占股20%）获得每年总收益股份分红。折股量化部分的资金收益分配方案主要根据每村折股量化扶贫资金的占比进行分配。因折股量化资金约占股20%，因此每村获得的20%折股量化扶贫资金股份收益的70%以上用于帮扶本村受益低收入农户，剩余部分给村集体。

作为折股量化的项目，项目应具备相应的社会效益，因此该项目要求优先安排钱库镇 45 个消薄村就业人员 100 人，其中重点帮扶带动有劳动力、低收入农户家庭就业 40 人／年，增加低收入农户家庭的收入；同时要求收益期满后折股量化扶贫资产归还 45 个村村股份经济合作社用于其他折股量化项目。

（三）苍南县金乡镇 16 个村抱团购买龙港新城小微园项目

金乡镇以夏八美村股份经济合作社为显名股东，兴澳村股份经济合作社等 16 个村股份经济合作社为隐名股东，16 个村抱团参与龙港新城小微园"消薄增收"项目，共同投资购买华鸿厂房出租，每个村投资 100 万元，共计投资 1600 万元。资金主要来源有：财政补助 230 万元，16 个村每个村扶贫资金折股量化 20 万共 320 万元，剩余资金由村经济合作社通过贷款和村自筹解决。项目投入使用后由苍南县水利水电投资开发有限公司统一招租和分配收益，每村享受固定分红 10 万元／年。折股量化扶贫资金以普通股形式按投入比例获得每年总收益 20% 股份分红收益。每个村折股量化扶贫资金股份收益的 70% 用于帮扶受益本村低收入农户增收致富，30% 用于发展壮大本村集体经济。

从 2023 年开始允许项目村自愿退股。折股量化扶贫资金跟随村集体参股期限，若项目村要求撤资退股，则每年 10 月底提出申请，经审定同意后，苍南县水利水电投资开发有限公司于 12 月份统一进行回购。回购价格按缴纳本金溢价收购，溢价部分以厂房移交后实际开始经营年限和回购当年中国人民银行同期一年期存款利率单利计算，2028 年年底回购完毕。收益期满后，折股量化扶贫资产归还 16 个村村股份经济合作社用于其他折股量化项目。若有项目村要求继续投资，经审核同意后给予延长。为了确保项目良好运转，苍南县专门成立了兴村资产经营有限公司负责龙港新城小微园运营，还将遴选村干部挂职参与管理。苍南县兴村资产经营有限公司 2019 年 3 月完成注册，2020 年 6 月龙港新城小微园验收交付使用。

（四）苍南县霞关镇澄海村农贸综合市场建设项目

苍南县霞关镇澄海旧菜市场在 2016 年 4 月拆除，于 2018 年 12 月 25 日完成改造提升，2019 年元旦市场开始营业；由霞关镇人民政府出资，澄海村出资、出地方式共同建设，市场权属属于霞关镇和澄海村共有。该项目总投资约 353 万元，资金来源主要有：镇财政 180 万元，澄海村消薄注资 40 万元，澄海村折股量化扶贫试点项目资金投资 90 万元（占总投资 25.5%），澄海村土地费用出资 43 万元。在股权比例上，霞关镇占 51%，澄海村占 49%。该项目投资收益有出租摊位、商铺资金，投入运营后每年预计有 12 万元收益。其中折股量化扶贫试点项目资金以普通股形式入股，按投入比例获得每年总收益 25.5% 股份分红收益。折股量化扶贫试点项目资金股份收益 70% 用于帮扶低收入农户 30 户左右，每户每年约 560 元（随每年股份分红收益变化而调整）。收益期满后折股量化扶贫资产归还澄海村股份经济合作社用于基地折股量化项目及扶贫项目。

（五）泰顺县司前畲族镇多村抱团投资青年农民创业园项目

泰顺县司前畲族镇依托泰顺民族乡村振兴示范带建设，提出建设青年农民创业园。全镇 10 个村利用 200 万市级折股量化扶贫资金及 320 万省财政资金，抱团参与青年农民创业园标准厂房建设，建成后整体出租竹木加工企业，能给每个村带来 3 万元～ 4 万元的固定收益，项目收益率达到 6%。收益中的 30% 用于壮大村集体经济，70% 用于带动低收入农户增收。该项目由司前畲族镇新农村建设投资有限公司参与运作。项目建成后既能帮助传统竹木企业发展壮大，又能实现村级集体经济和低收入农户收入倍增的"双赢"，打造利益共同体，预计可以带动低收入农户每户年均增收 1000 元以上。

（六）永嘉县教玩具生产研发中心建设项目

永嘉县教玩具生产研发中心位于"中国教玩具之都"桥下镇小京社区。教玩具是永嘉四大支柱产业之一，全国 60%、全省 90% 的教玩具产自永嘉桥下。该项目占地 18 亩，建筑面积 12671.85 平方米，预算投资 3780 万元，收益折股量化到 65 个行政村和桥下镇 2850 名低收入农户。

该项目由桥下镇政府委托国有独资企业永嘉县桥下镇新农村建设投资有限公司负责实施及建成后的日常管理工作，负责厂区租赁及收益分红等具体事项。该项目每年可带来近 300 万元的收入。每年收益以现金分发给受益对象，村集体占总收益的 55%，低收入农户占 45%。收益分配方案至 2030 年止，到期后根据需要重新确定收益使用方案。

二、案例点评

财政支农资金投入与农村经营性集体物业项目的模式较为多样化，可投入工业园区、小微创业园、农贸市场等项目。

从适应性上来讲，因为各村都有经营性的集体物业项目，但各村由于发展情况不一，因此物业性项目的类型多有不同。各地可结合当地的情况进行挖掘。

从效益上来讲，该类项目需要的资金规模较大，且涉及的产权较多，因此各地多采用多村抱团或联建的方式进行。这种方式通常由村集体约定一定比例的出资额，再投入财政支农资金，并将各村优势的资源，如土地、物业等入股形成可运营的项目。这种模式可以将分散或闲置的资源联合在一起，产生较大的效益。

从市场风险上讲，因多村联建的运营主体较多，容易发生多头管理的情况，从而影响整个项目的运营状况。因此，多村联建通常成立独立的项目组或公司，以公司方式进行项目管理。这在项目的投入、运营、管理和分配上都会更加专业和清晰。

第三节　财政支农资金投入产业类发展项目

一、具体案例

（一）平阳县腾蛟镇双坑村瓜蒌产业扶持项目

平阳县双坑村村集体通过成立平阳县双坑瓜蒌种植专业合作社作为折股量化项目的主体。该项目 2018 年首期新建瓜蒌基地 100 来亩，具体实施内容包括开垦荒山荒地 100 多亩，购买种苗 21000 株，盖黑膜 100 亩，建设棚架配套设施，洗瓜蒌子设备 4 台以及雇佣施肥、除草等相关人员。项目总投资约 50.76 万元，资金来源主要有政府扶贫资金补助 40 万元，村乡贤无偿集资 10.76 万元，项目资产归双坑村村集体所有。

该项目于 2018 年 3 月开始投产后，11 月就产出 2 万斤瓜蒌子。项目运营方通过提前签订保价销售合同，因此不愁销路。预计第一年产值达 40 多万元，第二年产值 60 万元，第三年产值达 100 万元左右，纯利 50% ～ 70%。2018 年首期投资 50 多万元，棚架等基础设施一次建设，可以使用 6 ～ 10 年，还可以带动低收入农户增收，该项目适合山区农民脱贫，不但可以向本村农户推广，还可以辐射周边村的农户。项目收益 10 多万元用于发放工资，可切实带动低收入农户增收（2000 ～ 3000 元）。

（二）苍南县莒溪镇溪东村畲家风情精品民宿项目

该村常住人口 710 人左右，畲族占全村人口 97%，其中低收入 42 人、低保 11 人。2017 年 11 月，县财政局下派农村工作指导员黄朝科到苍南县莒溪镇溪东村后发现，村集体经济薄弱一直是制约溪东村发展的主要瓶颈。莒溪镇虽然地处莒溪大峡谷景区沿线，但餐饮和住宿接待能力不足，如果能在溪东村建民宿，正好可以填补这方面的空白。于是，在黄朝科的牵头下逐步推进民宿项目。

该项目以溪东村 14 户村民闲置宅基地为基础进行提升改造，以租赁形式交由村集体股份经济合作社，双方签订 20 年租期协议。由溪东村集体股份经济合作社负责项目的统一规划、工程招标及监督实施，加快项目对接落地，将租入的 16 间 1500 平方米农房予以拆除、重建，打造成为集民宿、农家餐厅、旅游休闲于一体的乡村休闲项目。民宿主要以畲族风情为卖点。项目通过引入国有企业苍南县旅游投资公司进行投资和运营，经营期为 20 年，村集体持股享受权益但不参与经营。

溪东村精品民宿项目建设总投资约 505 万元，由村集体筹集资金投资232 万元用于租赁农房和建房费用，占股 46%；县旅游投资公司投资 273 万元用于民宿内部装修和设备购置等费用，占股 54%，经营权 20 年。村集体资金，包括申请莒溪镇各级切块扶贫资金 40 万元，村民投入 42 万元，申请市、县两级折股量化扶贫试点项目资金 150 万元（共 232 万元）。该项目于 2019 年 9 月正式启动对外营业。项目建成后，年收益 50 万元左右，村集体持股部分年收益约 23 万元。其收益 10% 交给房屋业主所有，40% 归村集体收入、50% 归镇政府统筹用以支持低收入农户，每户每年可增收2000 ～ 3000 元左右。承包期满后，房屋折余残值归还原 14 户村民业主，村集体股份经济合作社享有优先承包及经营权。20 年间预计招用本村 600人次就业（预计每年 30 人），重点帮扶带动有劳动能力的低收入农户就业。该项目实现了产业扶贫与乡村振兴、盘活闲置农房、消除薄弱村和带动低收入农户增收有机结合。

（三）泰顺县东溪乡吾坪村投资油茶公司项目

泰顺县东溪乡吾坪村获得省财政 4.1 万元、市财政 45.9 万元的资金支持，以优先股入股林成油茶有限公司，每年获得固定回报 4 万元，其中 30% 用于壮大村集体经济，70% 用于带动 14 户低收入农户每年增收 2000 元。林成油茶公司目前主要从事油茶原料销售，拥有生产基地 700 多亩，经营多年，已实现营收平衡。该公司正是流转了吾坪村山地用于开发生产基地。在此项目中，公司以 1/3 生产基地上的油茶作为抵押物，如果项目亏损，村民可以获得油茶树苗作为赔偿，而油茶树寿命达百年之久，随着树龄增加经济价值也在不断提高。通过该项目运作，村民们看到了种植油茶的价值。在乡镇和村干部通过发放油茶苗、奖励油茶肥料等形式的推动下，许多村民利用自家山地开始种植油茶。该村股份经济合作社还计划拿出该项目中获得的一部分收益用于为村民继续发放油茶苗及化肥等方式带动更多的村民种植油茶，形成油茶产业。公司也希望通过该项目引导村民扩大油茶的种植面积，未来打算建设油茶加工厂，公司承诺会收购村民种植的油茶果实。通过该项目运作，不仅实现了村集体经济和低收入农户双增收，还带动了乡村产业发展，帮助了更多的村民实现增收。

（四）平阳县麻步镇生猪养殖项目

2019 年平阳乡县向温州市财政局提出拟开展生猪养殖折股量化项目，市财政局农业处带市扶贫办、市畜牧兽医局来平阳县麻步镇开展现场指导，帮助县里完善实施方案，并将其列为 2019 年折股量化试点项目，补助该项目 100 万元。

该项目由麻步镇全镇 24 个行政村联合出资成立硕农农业发展有限公司，依托当地霞山牧业有限公司年出栏 10 万头标准化生猪养殖基地发展的有利契机，购买标准化猪舍一幢，总投资 2700 万元，其中省以上财政专项扶贫资金 2430 万元，市级折股量化试点资金 100 万元，村集体自筹 170 万元。猪舍收购以后，以优先股的形式入股霞山牧业有限公司，项目收益采取与猪肉价格联动的模式，其中每年固定收益为 7%；如上年猪肉价格在 8 ~ 15 元 / 斤的，加收 1% 收益；在 15 元 / 斤以上的，再加收 3% 收益。为保证各村低收入农户增收的平等和公平，收益部分的 70% 用于全镇（乡）的低收入农户增收，每人每年可增收 1000 元。运营方收益先按各村低收入农户数乘以人均分红数将项目收益预先拨付给村集体，再由村集体拨付给低收入农户；项目收益部分的 30% 按出资比例由公司拨付至各村，用于村小型公益事业和集体经济建设。

考虑到生猪养殖项目与项目所在村的密切关联，该项目的村集体收益分为三个档次：一档为项目所在村，占收益的 19%；二档为 4 个项目周边村及经济薄弱村，占收益的 24%；三档 19 个村，占收益的 57%。

该项目 2020 年年底完成建设，平阳县已下达给麻步镇奖补资金 1952 万元，特别是其中 502 万元的 2017—2019 年度的市级扶贫资金，涉及市级春节慰问、挂钩帮扶、第一书记、安居圆梦等内容，该批资金因项目实施进度原因长期滞留在县级，为加快扶贫资金使用，农业农村局将该批市级资金全部统筹用于麻步镇生猪养殖项目，同时明确该批项目在完成实施后由县级扶贫资金予以补助，从而提高了扶贫资金使用效率。为确保今后扶贫收益的规范与安全，平阳县已将硕农农业发展有限公司的财务纳入麻步镇三资中心管理，该公司支出须经乡镇分管镇长签字审核后才能使用。

生猪养殖试点项目有五大亮点：一是符合目前中央扶持生猪稳产保供的大方向；二是通过村集体与养殖企业的收益挂钩，使双方从对立转为合作伙伴，解决了生猪企业落地难、经营难等问题；三是该项目收益在壮大村集体的同时，也解决了低收入农户增收；四是项目的实施也可减轻养殖企业的资金压力，为后续生物资产投入提供保障；五是浮动收益模式同时照顾到合作双方的利益，虽然与企业的利润挂钩，但又无须对其财务进行检查，不增加企业负担。

（五）文成县中蜂养殖项目

为发挥和推进中蜂产业发展，在低收入农户增收和壮大村集体经济中发挥作用，文成县结合本县实际，创新中蜂扶贫模式，出台了《2020—2023 年中蜂养殖折股量化扶贫项目实施方案（试行）》。在全县 10～20 个低收入农户相对集中的村组织实施中蜂养殖折股量化扶贫项目，发展中蜂养殖 1000 箱以上，实现每箱年收入 400 元（按 8 斤蜂蜜折算）以上，年终收益分红由村级集体进行分配，分配比例为村集体 20% 和低收入农民 80%，低收入农户三年户均增收 1900 元以上，村集体年增收 1 万元以上，促进低收入农户、蜂农增收和壮大村集体经济，实现多盈。

项目依托村集体经济组织，将政府扶持低收入农户的蜂群、蜂箱、蜂具等折股量化，入股村集体经济组织，生产环节采用委托中蜂养殖专业合作社集中饲养的方式（代养模式），产品统购统销，实行风险共担、利益共享的利益联结机制。低收入农户购买的蜂群、蜂箱、蜂具和委托代养费由财政扶贫资金予以补助。

（六）文成县让川乡村酒店折股量化市级扶贫试点项目

文成让川乡村酒店建设在让川村安置小区边上，建筑总面积为 4670 平方米，总共投资 1110 万元，于 2020 年 10 月份竣工结顶。该项目主要发展乡村酒店民宿产业，资金来源主要由让川、塘垟、鳌里、凤鸣 4 个村筹资建设，市级折股量化扶贫试点补助资金 100 万元。项目建成后以公开租赁的方式出租给第三方运营，预计年总收益为 60 万元，市级折股量化扶贫试点补助资金占总股本 9%，预计年收益 5.4 万元。受益农户 378 户，带动低收入农户 481 人。项目将占股收益的 70% 惠及让川村、塘垟村、鳌里村、凤鸣民族村的低收入农户，30% 用于支持 4 个村壮大村集体经济收入。

二、案例点评

财政支农资金投入产业类发展项目从本质上讲最具带动农业产业和低收入农户增收的作用，是实现经济、社会、生态三效合一的关键渠道。但从各地的调研来看，投入产业类的项目反而较少，究其原因在于产业类的项目市场风险较大，投资回报期相对较长。为了保障财政资金的安全，各地在投入产业类项目时相对谨慎。

从适应性上来讲，农业产业的发展是各地各村都亟待突破的问题，农民对扶贫资金的投入带动产业的发展也有较大的需求。而各地也有基于本地特色产业可供开发和选择，也是助力乡村振兴最基本的途径，因此投入产业类项目应有较强的适应性。

从效益上来讲，因农业的特殊性，农业产业类项目通常存在投资回报期长，投资回报率相对低等特点。但实际上，通过前期有效的市场调研，挖掘出符合市场需求的行业也能产生较大的效益，同时通过前期的市场规划，签订报价合同等能较好地保障稳定的收益。产业类项目通常能带动大量的闲置劳动力参与其中，从而获得相应的劳动收入。同时创新性地将收益与市场价相联结，在运营方通过积极的市场营销策略推动产品的销售从而提高收益的情况下，也在一定程度上调动了相关参与集体和低收入农户的积极性。总的来说，产业类项目整体的经济和社会效益是较高的。

从市场风险上来讲，产业类项目必然牵涉农产品的销售问题，因此较容易受到市场因素的影响。因此，各地在项目的选择上，为了降低风险应选择有经验有资质的企业主体入股。合作方式上最好以较为独立的项目模式运营，这样产权更加清晰，也更容易在遭遇市场风险时退出。同时通过提前签订的保价协议，在一定程度上可以防止低收入农户的基本权益受损，因此也需要进一步加强制度保障。

第四节　财政支农资金投入抱团发展综合类项目

一、具体案例

（一）瓯海区扶贫资金收益折股量化项目

瓯海区农合联下属温州瓯海农合实业发展有限公司 2016 年 10 月成立了瓯海强村实业发展公司。该公司总股本为 3000 万元，其中温州瓯海农合实业发展有限公司、瓯海区老促会、薄弱村分别出资 780 万元、200 万元、2020 万元（村集体占 67% 股份，由 103 个村共同出资）。瓯海区老促会入股的 200 万元资金为财政扶贫专项资金，所产生分红和固定回报额的 60% ~ 70% 用于全区 50 多户低收入农户，该资金收益率约为 7.5%。薄弱村出资的 2020 万元由贷款获得，并由政府安排扶贫专项资金 1103.17 万元用于经济薄弱村贷款入股瓯海强村发展有限公司的贴息和扶持壮大村级集体项目补助，因此产生收益的 30% 左右用于本村的低收入农户，70% 的收益归村集体所有。瓯海强村发展有限公司通过组织专业的团队开展公司运营，通过接管部分政府优质资源和项目开展创收性经营，如梧田街道北村小微园、在娄桥与郭溪等街道建成 61 间新型菜农房、入股潘桥街道农合资金互助会、积极参与省级财政扶持试点的 20 个示范强村项目 1900 万元的建设等获得稳定的收益。受惠于"参股经营促强村"，2016 年年底全区 103 个薄弱村得到瓯海强村实业发展公司分红 5 万元后全面"摘帽"。

（二）苍南县南宋镇 8 个村抱团成立公司发展村集体项目

苍南县南宋镇通过组建村集体经济发展联合体，即全镇所有行政村抱团成立兰松新农村开发服务有限公司（以下简称兰松公司），将村级集体发展经营剥离出来交由公司运作，大力发展农家乐、民宿、特色农产品、名小吃等产业，承接农贸市场管理、卫生保洁等服务，不断增强集体经济薄弱村造血功能。同时南宋镇将财政扶贫资金投入公司项目经营用于开展折股量化扶贫，所得收益用于帮扶低收入农户。

兰松公司抱团发展建设南宋镇农贸市场，该市场占地面积 5 亩，建筑面积 1600 平方米，摊位 127 个，市场摊位用于出租。项目总投资 385 万元，其中兰松新农村开发服务有限公司投资195.5万元、蕉坑底村等8个村每村自筹10万元（共80万元）、申请折股量化扶贫资金109.5万元。项目通过出租摊位收取租金，每年收益20万元，其中折股量化每年收益为总收益28%，全部用于全镇8个村的低收入农户分红，同时安排有劳动能力低收入农户就业。

兰松公司抱团发展产业培植开发项目，建设农特产品加工厂房343平方米及配套设施，用于加工当地农特产品，打造农产品优质品牌。项目总投资66万元，其中兰松公司投入36万元、扶贫资金折股量化30万元。项目通过出租厂房收取租金，每年收益6万元，其中折股量化每年收益为总收益40%，全部用于8个村的低收入农户分红，同时安排8个村的有劳动能力低收入农户就业。

兰松公司抱团建设北山村百企结百村农产品展销中心建设项目，建设农产品展销中心126平方米，展示当地特色农产品成果，带动当地百姓脱贫致富。项目投资20万元，其中兰松公司投入10万元、扶贫资金折股量化10万元。项目通过出租店面收取租金，每年收益3万元，其中折股量化每年收益为总收益50%，全部用于8个村的低收入农户分红，同时安排8个村的有劳动能力低收入农户就业。

兰松公司抱团建设南宋镇山庄及农家乐、民宿及戏水娱乐设施，开发农旅项目。项目总投资100万元，其中财政投资60万元、扶贫资金折股量化40万元。兰松公司通过农家乐、民宿及戏水娱乐设施，开发农旅项目招商引资，每年收益10万元，其中折股量化每年收益为总收益40%，全部用于8个村的低收入农户分红，同时安排8个村的有劳动能力低收入农户就业。

南宋镇通过成立兰松公司抱团发展，实现了村级集体经济快速增收，同时带动了低收入农户不断增收。2019年南宋镇1—9月村级集体经济村均总收入增量在温州全市86个生态型乡镇排名第五，集体经济总收入最高的村达到101万元。

（三）文成县经济薄弱村和低收入农户"抱团增收"项目

文成县确定采用"经济薄弱村与低收入农户—乡镇兴村公司—县兴村公司"三级联合模式，由乡镇兴村公司组织经济薄弱村与低收入农户筹集资金，入股县兴村公司，县兴村公司负责投资县内外项目，并以固定的年回报将项目收益逐级返还，最终实现抱团增收，壮大村集体经济并带动低收入农户增收。可参股对象是建档立卡低收入农户中无劳动能力的低保对象和年经营性收入不足 8 万元的经济薄弱村。

该项目通过"集体出一点、银行贷一点、结对捐一点、政府补一点、家庭筹一点"等五大渠道筹集资金，筑稳项目落地的经济基础。目前，抱团村和农户已筹集资金 2.3 亿元，到位县财政配套资金 1.2 亿元。低收入农户单户入股资金 2 万元，其中家庭自筹 0.5 万元，财政配套 0.1 万元，农商行贷款 1.4 万元；经济薄弱村以确保村集体年经营性收入达到 8 万元（按 10% 收益率计算）的金额作为入股资金。村集体经济通过向银行借贷等途径筹集资金，县财政对村集体贷款给予 50% 的贴息。

该项目明确界定产权，村集体筹措的入股资金股权归村集体所有，低收入农户自筹与贷款资金股权归农户所有，但不享有决策权、增值权等其他权利，并不得抵押、担保、转让和继承。当低收入农户退出时，其他资金股权归村集体所有。股权实行准入、动态调整和退出机制，低收入农户家庭有违法犯罪、不遵规守纪、不配合基层治理的，不予准入；根据浙江省扶贫信息系统的低收入农户名单，每月对持股帮扶对象进行动态调整；如遇低收入家庭申请退股或死亡以及其他违反入股帮扶约定的情况，低收入农户家庭自筹帮扶股份全额退出。全县 17 个乡镇谋划"飞地抱团"项目 21 个，涉及 121 个行政村，总投资 1.56 亿元，预计 2019 年收益 745 万元。

二、案例点评

支农资金投入抱团发展综合项目多依据各县市区和各村的实际资源进行具体的谋划。

从适应性上来讲，各地通过积极挖掘资源，可将财政支农资金折股量化投入于小微园、资金互助会、农贸市场、加工厂房、农家乐、民宿等项目。抱团发展类项目通常由镇政府牵头，涉及多个村集体参与，多方资源进行整合，资金、土地、政策等资源都得到了各方面的支持，项目也可以较为顺利地开展。因此以乡镇为单位，对各村资源进行整合并开展整体性的谋划及牵头组织是具备可实施性的。

从效益上来讲，抱团发展综合项目因具备了充足的资源，可开展规模较大的项目运营或涉及多业态的多个关联项目，因此整体上惠及范围大，收益也相对较高，特别是在资金来源上，因项目涉及的主体较多，多地则顺势将县、村、低收入农户的资金和资源都积极引入项目中，将各方联结成利益综合体。这样不但可以把闲散的资源进行高效的整合，也让各方对项目的运营投入更多的心力，使项目整体的运营更加顺利。

从市场风险上来讲，综合发展的项目通常将项目资金分散到多个项目中，依托各村的优势资源进行规划和布置，因此总的市场风险可以得到一定的降低。但从运营上来讲，项目涉及的主体多、范围大，因此运营的难度也大大加强，可能产生多头管理、顾此失彼等情况，所以目前多地通常有参与的村集体选派村干部组成委员会，参与项目的监管工作。同时此类项目将运营、市场推广等工作委托为专业的公司进行管理运行，减少项目运营的风险和市场风险。

各地通过资源挖掘和当地的特点进行了如上的一些实践，在此仅做部分典型案例的整理。同时为了将折股量化项目进行有效的推广，本课题特将上述项目的情况做一下整理。其他地方可根据以上各地依托资源和项目实施情况以及自身资源优势，选择部分项目参考筹建，具体如表 7.1 和表 7.2 所示。

表 7.1　温州市财政支农资金折股量化扶贫样板项目一览表

序号	项目名称	项目主体	依托载体	收益方式	投入资金（元）	筹款模式	经营管理方式	产权归属及回收	分配方式	带动效益
1	平阳县"光伏小康工程"项目	村集体	村山地、B类林地、学校操场、公共建筑屋顶	发电收入	3500万	财政支农资金	村集体负责管理	小型发电站产权归设备所在地村集体	村集体与重点帮扶对象 3：7	年收入6万元~8万元
2	洞头区北岙街道大长坑村光伏工程项目	村集体	光伏车棚	发电收入	120万	市级折股量化资金+挂钩帮扶资金+区级配套资金+村集体自筹	乡镇规范监督+第三方绩效评估	—	壮大村集体经济3.8万元，低收入农户4.8万元	年收入8.6万元
3	泰顺县罗阳镇三联村人股彭溪水电站项目	村集体+入股企业	水电资源	发电收入	60万	企业已有资产+60万元中央补助	原水电企业独立管理	产权归企业所有，村集体投资款不退还	1.35万元给村集体，3.15万元给重点帮扶对象	每年7.5%固定分红款，共计4.5万元
4	泰顺县"光伏小康工程"投融资项目	县政府主导+企业	山地光伏发电	发电收入	16350万	企业投标人+省财政资金+市财政+县财政+其他社会资本	—	—	低收入农户和扶贫重点村	全县低收入农户每人每年1000元左右，村集体增收3万元
5	平阳县腾蛟镇十村联建项目	村集体抱团+成立企业	土地资源、工业厂房、产业园	租金收入	1000万	90%财政投入+10%村集体自筹	10个村所在合作社联合成立公司管理	土地国有，厂房归村集体	70%帮助低收入农户，30%用于村小型公益项目经济建设项目	10个村每个村不低于21.6万元
6	苍南县钱库镇45村抱团建设小微企业创业园项目	村集体抱团+成立企业	小微企业创业园	租金收入	4500万（总投资7.2亿元，45个村约占股20%）	财政补助+折股量化资金+自筹+银行贷款	联合成立振农开发有限公司管理	收益期满后折股产权归还45个村股份经济合作社	70%帮扶低收入农户，30%归村集体	每村增收5万元/年~8万元/年

续表

序号	项目名称	项目主体	依托载体	收益方式	投入资金（元）	筹款模式	经营管理方式	产权归属及回收	分配方式	带动效益
7	苍南县金乡镇16村集体抱团联建小微企业创业园项目	村集体抱团+成立企业	小微企业创业园	租金收入	1600万	财政补贴+折股量化资金	苍南县水利水电投资开发有限公司统一招租和分配收益，成立兴村资产经营有限公司负责龙港新城小微园运营，并遴选村干部挂职参与管理	2023年开始允许项目村按规定流程自愿退股，收益期满，折股资产归还16个村村干部折股量化资金归还于其他经济合作社用于村折股量化项目	每个村折股量化扶贫资金股份收益的70%用于带动增收致富，30%用于发展壮大本村集体经济	—
8	苍南县霞关镇、澄海村农贸综合市场建设项目	霞关镇人民政府出资，澄海村出资、出地方共同建设	土地资源，农贸市场	出租摊位、商铺	353万	镇财政180万元，村消薄注资40万元，澄海村折股量化扶贫试点项目资金投资90万元，澄海村土地费用出资43万元	澄海村股份经济合作社以普通股形式入股，按投入资金比例获得25.5%股权每年总收益分红收益	市场权属归霞关镇和澄海村共有，霞关镇占51%，澄海村占49%，收益期满后折股量化资产归还澄海股份量化扶贫股份经济合作社	70%用于扶贫低收入农户30户左右，每户每年股份分红收益约560元（随每年股份量化调整）	每年约有12万元收益
9	司前畲族镇多村抱团联建青年农民创业园项目	村集体抱团+成立企业	青年农民创业园	租金收入	520万	全镇10个村200万元市级折股量化扶贫资金及320万元省财政资金	司前畲族镇新农村建设投资有限公司参与运作	—	30%用于壮大村集体经济，70%用于带动低收入农户增收	每个村有3万元~4万元的固定收益，项目固收益率达到6%

续　表

序号	项目名称	项目主体	依托载体	收益方式	投入资金（元）	筹融模式	经营管理方式	产权归属及回收	分配方式	带动效益
10	平阳县腾蛟镇双坑村瓜蒌产业扶持项目	村集体	瓜蒌产业	合作社种植收入	50.76万	政府扶贫资金补助40万元，村乡贤无偿集资10.76万元	—	—	—	2018年共带动低收入农户30户，每户户增收2000～3000元。
11	苍南县莒溪镇溪东村畲家凤情精品民宿项目	村集体＋入股企业	农户土地、民宿	民宿运营收入	505万元	村集体资金232万元，包括莒溪镇各级切块扶贫资金40万元，村民投入42万元，申请市、县两级财政折股量化扶贫试点项目资金150万元	引入国有企业苍南县旅游投资公司进行投资和运营，经营期为20年，村集体持股享受权益但不参与经营	由村集体投资用于租赁农房和建房，占股46%；县旅游投资用于民宿内部装修和设备购置，占股54%，经营20年，承包期满后，房屋归还原村民主，村集体股份经济合作社享有优先承包及经营权	村集体持股部分年收益约23万元。其收益10%交给业主所有，40%归村集体收入，50%归镇政府统筹用以支持低收入农户	低收入农户每年每户可增收2000～3000元；20年间预计招用本村600人次就业（约30人），重点帮扶带动有劳动能力的低收入农户就业
12	泰顺县垟坪村、林成油茶公司联建项目	村集体＋入股专业公司	土地、油茶种植	油茶原料销售	—	村集体投入省财政4.1万元、市财政45.9万元的资金支持	以优先股入股林成油茶公司，项目由油茶专业公司运营	公司以1/3生产基地上的油茶作为抵押物，如果项目有亏损，村民可以获得油茶树苗作为赔偿	30%用于壮大村集体经济，70%带动14户低收入人农户	每年获得固定回报4万元，户增收2000元；带动当地油茶产业

续表

序号	项目名称	项目主体	依托载体	收益方式	投入资金（元）	筹款模式	经营管理方式	产权归属及回收	分配方式	带动效益
13	平阳县麻步镇生猪养殖项目	村集体抱团成立企业+入股专业公司	生猪养殖产业、土地资源	生猪出售收入	2700万元	省以上财政专项扶贫资金2430万元，市级资金化试点资金100万元，村集体自筹170万元	村集体拥有购买标准化猪舍一幢，以优先股的形式入股霞山牧业有限公司，项目由公司运营	村集体拥有购买的猪舍产权	采取与猪肉价格联动的模式，每年固定收益为7%；如上年猪肉价格在8~15元/斤，再加收1%收益；在15元/斤以上，再加收3%收益。收益部分的70%用于全镇低收入农户的增收，收益部分的30%按出资比例由公司拨付至各村。按收益来源项分为三个档次：一档收入，占收益的19%；二档为4个村边14个村所在村及经济薄弱村，占收益的24%；三档19个村，占收益的57%	全镇低收入农户每年增收，人每年约1000元。收益部分的30%用于各村小型公益事业和集体经济建设
14	文成县中蜂养殖项目	农户+合作社	中蜂养殖产业	蜂产品销售收入	234.7万	第一期投入资金90.3万元	入股村集体经济组织，委托中蜂养殖专业合作社中间养（代养模式），实行集中统购统销产品	政府扶持给低收入农户的蜂群，蜂箱、蜂具归低收入农户所有	年终由村集体按集体利收入的20%和80%的比例向农民分红，比例进行分红，争取三年低收入农户户均增收达1900元以上	11个扶贫重点村602户低收入农户1204箱中蜂；三年低收入农户户均收1900元以上
15	瓯海区扶贫资金折股量化收益分配综合项目	村集体抱团成立企业	小微园、新型菜农房、农会互助资金等	租金收入、利息收入等	公司总股本为3000万元（村集体占67%股份，由103个村共同出资）	温州瓯海农合实业发展有限公司，瓯海区老促会，薄弱村分别出资780万元，200万元，2020万元	强村公司通过组织专业团队开展公司运营，通过接管部分政府优质资源和项目开展创收性经营	—	老促会入股的200万元产生的收益按60%~70%低收入农户，区50多个薄弱村得到较强村实业发展公司产生收益的2020万元，30%用于本村低收入农户，70%归村集体	收益率7.5%，2016年底全区103个薄弱村实现得到较强村实业发展公司分红5万元后，全面"摘帽"

续表

序号	项目名称	项目主体	依托载体	收益方式	买入资金（元）	募款模式	经营管理方式	产权归属及回收	分配方式	带动效益
16	苍南县南宋镇8村集体抱团村抱团联建项目	村集体抱团＋成立企业	南宋镇农贸市场	摊位租金	385万元	公司投资195.5万元、蕉坑底村等8个村每村自筹10万元，折股量化扶贫资金109.5万元	—	—	折股量化每年收益为总收益的28%，全部用于全镇8个村的低收入农户分红	每年收益20万元，同时安排有劳动能力低收入农户就业
17			农特产品加工厂房	厂房租金	66万元	公司投入36万元，扶贫资金折股量化30万元	—	—	全部用于8个村的低收入农户分红	每年收益6万元，其中折股量化收益的40%，同时安排有劳动能力低收入农户就业
18			农产品展销中心	店面租金	20万元	公司投入10万元，扶贫资金折股量化10万元	—	—	其中折股量化收益的50%，全部用于8个村的低收入农户分红	每年收益3万元，同时安排8个村的有劳动能力低收入农户就业
19			休闲山庄及农家乐、民宿及戏水娱乐设施等农旅项目	经营收入	100万元	财政投资60万元，扶贫资金折股量化40万元	—	—	折股量化每年收益为总收益的40%，全部用于8个村的低收入农户分红	每年收益10万元，同时安排8个村的有劳动能力低收入农户就业

续　表

序号	项目名称	项目主体	依托载体	收益方式	投入资金（元）	筹款模式	经营管理方式	产权归属及回收	分配方式	带动效益
20	文成县经济薄弱村和低收入农户"抱团增收"建项目	"经济薄弱村和低收入农户一乡镇兴村公司一县兴村公司"三级联合模式	全县17个乡镇谋划"飞地抱团"项目21个，涉及121个行政村	—	总投资1.56亿元	抱团村和农户筹集资金2.3亿元，到位县财政配套资金1.2亿元。低收入农户单户入股资金2万元，其中家庭自筹0.5万元，财政配套0.1万元，农商行贷款1.4万元	由乡镇兴村公司组织经济薄弱村与低收入农户筹集资金，入股兴村公司，县兴村公司负责投资县内外项目，并以固定年收益逐级回报将项目收益逐级返还	村集体筹措的入股资金股权归村集体所有，低收入农户自筹与贷款资金股权归农户所有，但不享有决策权、增值权等其他权利，并不得抵押、担保。转让。当低收入农户退出时，其他股权归村集体所有	—	年收益745万元

表 7.2 不同项目主体及运营管理方式的优缺点及适用条件表

项目主体	经营管理模式	优点	缺点	适用条件	参考样板
村集体	村集体负责管理	村集体直接管理，方便快捷	无法和现有的管理事务分开，管理不够细致，且无专业的运营管理经验	项目规模较小或涉及的财务及产权的问题较少	样板 1、样板 2、样板 10
农户＋合作社	合作社代理，统购统销	合作社人员掌握了的种养殖技术，解决因技术不到位而造成的种养殖失败和资源浪费	采用委托种养殖的方式，将主要压力集中于合作社，个人的参与度降低	合作社的技术和市场渠道比较成熟，农业产业类项目居多	样板 14
村集体＋成立企业	村集体抱团联合成立公司管理	成立独立的公司营专人管理，具有专业的运营管理知识和管理经验	运营成本上升，村集体对项目管理主动权减少	项目规模较大，计划长期运营的项目	—
村集体＋入股企业	原企业独立管理	入股企业的项目，且公司已有相当好的盈利基础，且公司有专业的管理方式，运行较好	村集体一般以普通股入股，但无管理和决策权，项目一般不得随意退出	一般适用于同乡村集体，项目资源分散的多个村。企业原来的项目源目盈利较好	样板 11、样板 12
村集体抱团	村集体成立项目组管理	村集体联合，资金资源较为充足。村集体均能参与管理，并按本村的实际情况进行调整	多村联合易造成多头领导，管理混乱，且无专业管理人员退出	一般适用于同乡镇村集体，项目资源分散的多个村。项目较少或运营期较短	—
村集体抱团＋成立企业	成立的公司负责运营	村集体联合，资金资源较为充足。成立独立的公司营专人管理，具有专业运营管理经验，增强了对质资源的议价能力	运营成本上升，村集体对项目管理主动权减少	一般适用于同乡镇村集体，项目资源分散的多个村。项目规模较大，计划长期运营的多个项目	样板 5、样板 6、样板 7、样板 9、样板 15、样板 16、样板 17、样板 18、样板 19
村集体抱团＋入股企业	企业独立运营	村集体联合，资金资源较好充足。入股企业，项目一般已有相当好的管理方式，且公司有专业的管理方式，运行较好	村集体一般以普通股或优先股的方式入股，但无管理权和决策权，项目一般不得随意退出	一般适用于同乡镇村集体，项目资源分散的多个村。企业原来的项目目盈利较好	样板 3、样板 13

续　表

项目主体	经营管理模式	优点	缺点	适用条件	参考样板
乡镇政府资金+村集体资金土地入股	入股企业或项目原负责人运营	有较好的项目基础和专业的营业团队。有镇政府资金的加入，可引入乡镇规范监督和第三方绩效评估，增强项目的运营效率。引入土地入股，盘活了其他的资源	村集体一般以普通股或优先股的方式入股分配收益，但无管理权和决策权。且一般不得随意退出	村集体有合适的项目资源（如市场需求、土地、较好的产业等），但缺乏一定项目资金	样板8
县政府主导+企业	招投标企业运营管理	乡镇引导，项目资源较多，乡镇规范监督和第三方绩效评估，增强了项目的运营效率。引入土地入股，盘活了其他的资源	村集体参与较少，无法调动村集体的主动性。县政府主导无法了解村的实际情况，项目可能受到一定阻碍	乡政府主导能力较强，整个县域范围内有很多分散的资源需要调配	样板4
村集体+低收入农户+乡镇及县(集体)公司	县(集体)公司负责运营	调动了县、乡镇、村及低收入农户的全体参与，资源调用更加方便，各方的责任感也大大增强	参与主体过多，可能造成多头领导，协调多方的利益较为困难	各方有较多的资源可以参与，有可以带动的产业，低收入农户可以参与	样板20

资料来源：各类财政支农资金（挂钩帮扶资金、区级配套资金、财政补贴），村集体自筹、企业已有资产或引入企业投标参与，村民资本银行贷款、镇政府出资、土地入股，乡贤无偿捐赠等。各项目运营应结合项目性质和当地的资金、资源灵活组合，并协商好回报方式。

第八章　各地资产收益扶贫与温州折股量化扶贫的比较分析

第一节　安徽省资产收益扶贫

一、安徽省资产收益扶贫制度设计演变概况

安徽省资产收益扶贫是从省级层面先进行顶层设计，再在各市进行试点和推广。2015年12月，安徽省委、省人民政府在所发布的《中共安徽省委安徽省人民政府关于坚决打赢脱贫攻坚战的决定》（皖发〔2015〕26号）文件提出，"积极探索资产收益扶贫。在不改变用途的情况下，财政专项扶贫资金和其他涉农资金投入设施农业、养殖、光伏、水电、乡村旅游等项目形成的资产，具备条件的可折股量化给贫困村和贫困户，尤其是丧失劳动能力的贫困户。资产可由村集体、合作社或其他经营主体统一经营。要强化监督管理，明确资产运营方对财政资金形成资产的保值增值责任，建立健全收益分配机制，确保资产收益有效回馈持股贫困户。支持农民合作社和其他经营主体通过土地托管、牲畜托养和吸收农民土地经营权入股等方式，带动贫困户增收。贫困地区水电、矿产等资源开发，赋予土地被占用的村集体股权，让贫困人口分享资源开发收益。"

2016年5月，安徽省财政厅、安徽省扶贫开发领导小组办公室印发《关于开展资产收益扶贫的指导意见》的通知（财农〔2016〕715号），从2016年起在全省实施资产收益扶贫制度，以改革财政资金使用方式为突破口，运用市场化手段，实现财政资金形成的经营性资产、村（组）集体资产（资源）赢利增值，盘活村（组）集体资产（资源），增强贫困地区、贫困人口内生动力和发展活力，拓宽贫困人口增收渠道。

2018年3月，安徽省人民政府发布的《关于2018年实施33项民生工程的通知》（皖政〔2018〕26号）将资产收益扶贫作为新增六项民生工程之一实施，文件提出，实施资产收益扶贫工程，深入实施精准扶贫精准脱贫方略，支持县级在不改变资金用途的情况下，将财政专项扶贫资金和其他财政涉农资金投入设施农业、养殖、乡村旅游、电子商务等形成的资产折股量化，按照"保底收益＋按股分红"模式实现资产收益。加强风险防控、跟踪问效和动态调整。

2018年4月，安徽省财政厅发布《资产收益扶贫工程实施办法》，对资产收益扶贫工程的实施做了具体的说明。2018—2020年资产收益扶贫的

目标是，以支持 3000 个贫困村稳定出列、现行标准下贫困户稳定增收脱贫，并对主要内容、实施主体、实施步骤、资金安排工作要求等做了详细部署。后来每年在原先政策执行的基础上进行了优化，又颁布实施了《安徽省资产收益扶贫工程实施办法（2019）》和《安徽省资产收益扶贫工程实施办法（2020）》。

2018 年 6 月，安徽省财政厅发布《安徽省资产收益扶贫绩效评价暂行办法》（财农〔2018〕618 号），要求 2018 年度资产收益扶贫绩效评价工作按照本办法执行，并将项目投入、项目过程、项目产出和项目效果等纳入绩效评价指标体系。

2020 年 3 月，安徽省财政厅、安徽省扶贫办发布《关于做好 2020 年财政专项扶贫资金管理、贫困县涉农资金整合试点及资产收益扶贫等工作的通知》，要求因地制宜推进资产收益扶贫工作。落实《安徽省财政厅安徽省农业委员会安徽省扶贫开发领导小组办公室关于做好财政支农资金支持资产收益扶贫工作的通知》（财农〔2017〕1101 号）和《2020 年安徽省资产收益扶贫工程实施办法》要求，扩大投入资产类型，结合推进农村"三变"改革，统筹其他财政涉农资金、村集体存量资产、社会捐赠资金等支持本地优势特色产业发展，鼓励农户以土地林地等生产要素折价入股新型经营主体，盘活资源资产，拓宽村集体和农户特别是贫困户的收益渠道。坚决纠正简单入股分红、明股实债、小额扶贫信贷"户贷企用"等各类借资产收益扶贫名义实施的违规行为，进一步规范动态调整的项目收益分配方式，完善带贫减贫机制，带动贫困户参与产业发展并通过劳动获得报酬，杜绝"一发了之""一股了之""一分了之"，防止"养懒汉"。科学选择资产收益扶贫项目实施主体，明确风险防控的具体措施，加强对项目运行和实施情况的跟踪。

2020 年 3 月，安徽省结合中央专项巡视"回头看"、国家考核评价和省委"抗补促"专项行动督导检查发现的问题，安徽省财政厅发布《关于进一步规范资产收益扶贫工作的通知》，就进一步规范资产收益扶贫工作通知如下：一是坚持因地制宜，选择可持续的产业项目，不得简单入股分红、"一股了之"。选择对贫困群众带动作用明显、可持续性较好、抵御市场风险能力强的产业项目。坚持项目质量优先，不片面追求规模和覆盖面，稳妥推进，避免"为投而投"和"理财式"投资行为，坚决纠正简单入股分红、明股实债、扶贫小额信贷"户贷企用"等各类借资产收益扶贫名义实施的违规行为。二是把握收益共享，建立健全紧密的利益联结机制，不得"一分了之"。要落实差异化的扶持政策，股权分配要优先用于增加贫困户收益和壮大村集体经济，并在收益分配时向老弱病残等特殊贫困群体倾斜，避免平均主义。要充分吸纳农户，特别是要优先吸纳有劳动能力的贫困群众参与项目生产经营，带动就近就业，防止政策"养懒汉"。三是严格项目管理，规范有序推进资产收益扶贫。加大对深度贫困地区、挂牌督战村和非贫困村资产收益扶贫项目的政策扶持和指导力度，增强带贫减贫效果。发挥产业发展指导员和科技特派员作用，推动产业持续健康发展。要完善制度建设和风险管控，严把清产核资、实施主体选择、合同签订、项目推进、项目验收、风险防范和资金安全关，避免监管缺位。

2021 年 12 月 30 日，安徽省扶贫开发领导小组办公室发布《关于做好财政支农资金支持资产收益扶贫工作的通知》。该文件对于资产收益扶贫的基本原则、实施主体、分红方式、退出机制等在原先相关文件的基础上做了细化要求和说明。自本文印发之日起，《安徽省财政厅安徽省扶贫开发领导小组办公室关于印发〈关于开展资产收益扶贫的指导意见〉的通知》(财农〔2016〕715 号) 废止。

二、安徽省资产收益扶贫政策主要内容及其与温州的区别

虽然安徽省 2016—2021 年颁布实施了多个资产收益扶贫政策，但其主要内容可以概况为财政资金范围、实施主体、入股方式、收益分配方式、风险防范等几个方面。本书综合安徽省出台的多个资产收益扶贫实施文件，对这些内容及其变化进行了梳理，并将其与温州财政支农资金折股量化扶贫政策进行了对比分析。

(一) 资产范围

2016 年安徽省的《关于开展资产收益扶贫的指导意见》(以下简称"2016 年安徽省《资产收益扶贫指导意见》")对资产范围做如下规定：包括财政资金形成的经营性资产、村 (组) 集体资产 (资源) 等；财政资金形成的经营性资产是指财政资金 (不含补贴类、救灾救济类资金) 投入村 (组) 集体以及企业、农民合作组织、家庭农场等新型农业经营主体形成的资产，原则上包括机电灌泵站、仪器设备、农业机械、大棚、农村供水工程等；村 (组) 集体资产 (资源) 是指村 (组) 集体所有的土地、荒山、滩涂、荒地、水面、林木、房屋等，以及村 (组) 集体接受资助、捐赠和补助形成的资产。

2021 年安徽省扶贫开发领导小组办公室发布的《关于做好财政支农资金支持资产收益扶贫工作的通知》(以下简称"2021 年安徽省《资产收益

扶贫工作通知》")将资产范围调整为：在不改变用途的情况下，利用中央、省、市、县财政专项扶贫资金和其他涉农资金投入设施农业、养殖、光伏、乡村旅游等项目形成的资产，具备条件的可用于资产收益扶贫；村集体所有的经营性资产，以及村集体接受资助、捐赠和补助形成的资产，具备条件的也可纳入资产收益扶贫范围。

2016年安徽省纳入资产收益扶贫的财政资金范围较广，除了不包含补贴类、救灾救济类资金，其他财政资金投入于新型农业经营主体形成的资产都纳入资产收益扶贫的范围，也包括村（组）集体接受资助、捐赠和补助形成的资产。而2021安徽省将纳入资产收益扶贫的财政资金范围缩小到具备条件可用于资产收益扶贫的各级财政专项扶贫资金和其他涉农资金，村（组）集体接受资助、捐赠和补助形成的资产也加了"具备条件也可纳入资产收益扶贫范围"这一限制。可以说，调整后的资产收益扶贫实施意见更有可操作性。

与安徽省不同的是，温州折股量化扶贫从2016年试点开始，就将财政资金范围缩小在各级财政预算安排扶贫资金及其他涉农资金、挂钩帮扶资金，但补贴类、救灾救济类专项资金不纳入，且温州市只约定了实施折股量化扶贫的财政资金来源，对于试点工作开展以前该部分财政支农资金投入所形成的资产并未要求实施折股量化扶贫。

（二）实施主体

2016年安徽省《资产收益扶贫指导意见》并未明确实施资产收益扶贫的主体。2018年安徽省发布的《安徽省资产收益扶贫工程实施办法》将资产收益扶贫的实施主体确定为：治理结构完善、财务管理健全、经营状况良好、经济实力较强、乐于扶贫助困且诚信守约的企业、村集体经济组织、农民合作社等。2021年安徽省《资产收益扶贫工作通知》将资产收益扶贫的实施主体界定为：治理结构完善、财务管理健全、经营状况良好、经济实力较强、乐于扶贫助困且诚信守约的企业、村集体经济组织、农民合作社等新型农业经营主体。

而温州市财政支农资金折股量化扶贫的实施主体界定为：包括农民专业合作社、家庭农场、农村集体经济组织、龙头企业、国有投资主体及有意愿参与扶贫的其他经营主体等，同时鼓励支持多个村集体抱团成立独立的经营主体承接项目。与安徽省不同的是，温州市对"企业"这一实施主体的范围界定为"龙头企业"和"国有投资主体"，这样做相对较为谨慎，但有助于降低项目经营的风险。同时推出"多个村集体抱团成立独立的经营主体承接项目"这一政策,有助于优先将财政资金投入于村集体经济建设。

在对实施主体选择方面,安徽省将实施主体的选择权下放到村集体经济组织这个层级,在2021年的《资产收益扶贫工作通知》提出,要完善选择实施主体的民主决策机制,对于在村级开展的资产收益扶贫,可由村民通过"一事一议"的形式确定实施主体,贫困村第一书记、驻村干部应积极参与议事讨论并加强指导。而温州市的做法是,强化了各级政府参与对项目主体进行筛选,在项目谋划阶段,由乡镇(街道)主动帮助村集体谋划项目、对接项目承接主体;在项目评审阶段,由县级主管部门会同财政部门和有关专家组成评审组,对项目承接主体的经营能力等进行科学论证,必要时再委托第三方机构进行论证研究。相对而言,温州市的做法更加强调政府部门的引导和帮助。

(三)持股主体

2016年安徽省《资产收益扶贫指导意见》提出,具体根据企业、农民合作组织、家庭农场等新型农业经营主体使用资产情况,协商签订入股协议,明确村(组)集体及贫困户持有的股份。2021年的《资产收益扶贫工作通知》对于不同类别财政资金形成的资产,其持股主体不同,并做了如下说明:财政专项扶贫资金形成的资产股权,按规定的程序和方法量化给贫困村和贫困户;其他涉农资金投入形成的资产股权,经村集体民主决策,可划出一部分资产,将资产收益权定向分配给贫困户;健全农户与实施主体间的利益联结机制,发挥村集体和农民合作社的纽带作用,鼓励将资产折股量化给村集体、合作社或其他村集体经济组织,只将资产收益权明确到农户,便于收益分配的动态调整。可见,安徽省资产收益扶贫的持股主体包括村集体和贫困户两类。

而温州市财政支农资金折股量化项目在试点阶段,财政支农资金所形成的资产的持股对象包括扶贫重点村和低收入农户,但2018年以后财政支农资金所形成的资产以村集体作为持股对象,低收入农户只享受收益权。相比较而言,温州的做法更加灵活,更适合于低收入农户对象的动态管理实际。

(四)入股及收益分配方式

2016年安徽省《从资产收益扶贫指导意见》提出,财政专项扶贫资金形成的经营性资产,以优先股的形式,将资产收益量化给村(组)集体和贫困户（贫困户稳定脱贫后自动退出，退出的股份分配给其他贫困户），并确保贫困户分红底线；其他财政资金形成经营性资产，经村（组）集体全体成员 2/3 以上同意，按一定比例设立优先股，将资产收益量化给贫困户；村（组）集体资产收益归村（组）集体，扣除一部分运营费用后，用于村级公益事业建设、壮大村集体经济，经村（组）集体全体成员 2/3 以上同意，可用于扶持贫困户。

2021 年颁布实施的安徽省《资产收益扶贫工作通知》并未提"优先股"的概念，而是约定参考当地行业平均投资回报率确保贫困户保底收益（年收益率原则上不低于同期银行贷款基准利率）；各方可在法律和现有制度框架下，积极探索，自主创新，因地制宜确定具体的收益分配方案，健全农户参与机制和利益分享机制，推广"保底收益＋按股分红"等模式，切实保障村集体和农户特别是贫困户的收益；要求项目取得可分配收益的，要按照约定兑现贫困村和农户的收益，并优先保障贫困户的收益。

2018 年安徽省发布的《资产收益扶贫工程实施办法》还对收益权证和收益发放时间做了明确的约定：收益权分配台账经公示无异议后，村集体与实施主体签订合同，并按照收益权分配台账向贫困户颁发记名收益权证；按照量化方案和资产收益情况，每年开展 1～2 次资产收益分红，保底收益应在 9 月底前兑现到贫困户，保障贫困户及时分享资产收益。

温州市 2017 年《折股量化扶贫试点实施意见》提出，财政支农资金可以采取普通股和优先股两种形式入股经营主体；采用普通股入股方式的，低收入农户与企业共担风险，并按股权获得分红；以优先股形式入股经营主体，享有固定收益和一定分红，不参与企业决策和承担企业风险。2021 年实施的《全面推进折股量化帮扶指导意见》也未再提普通股和优先股，而是合理商议村集体所占股权比例及收益分配方式；可以视情况采取"固定收益""保底收益＋分红""农产品价格浮动调整收益率"等分配方式；要求原则上折股量化项目年收益率应不低于银行同期五年期以上贷款市场报价利率；并规定折股量化帮扶资金收益由村集体和低收入农户共享，低收入农户收益占比应不低于 50%；在项目实施过程中，如遇到特殊情况确需调低收益率的，须报项目原审批部门同意。收益支付时间由双方约定，并以整年度计算。

相比安徽省的做法，温州的分配方式更加多元化、细化并具有灵活性，同时对参照银行贷款利率确定项目年收益率的约定更加具体。但安徽省颁发资产收益扶贫项目的收益权证、明确每年收益发放时间节点，这两点做法值得温州借鉴。

（五）受益对象选择及调整

对于资产受益对象，安徽省资产收益扶贫相关文件中只说明为贫困户和贫困村，但对这类群体并未提出具体的要求。而温州市折股量化扶贫对受益对象也进行了说明。2016 年的《折股量化扶贫试点实施意见》约定如下：受益对象应遵规守纪，诚实守信，无吸毒贩毒打赌等违法行为，自愿参与、主动接受财政支农资金折股量化扶贫方式，与经营主体形成利益联结体，并通过自己的劳动进一步提高收入；对于不需要受益对象投入土地、劳动、资金等资源的项目，每年根据其家庭收入变化实行动态管理。2021 年实施的《全面推进折股量化帮扶指导意见》提出，受益对象包括村集体和低收入农户两类；其中受益的村集体以乡村振兴重点帮促村和相对薄弱村为主，兼顾其他村；受益的低收入农户应守法诚信，无吸毒、贩毒、赌博等违法行为，自愿参与、主动接受折股量化帮扶，优先照顾没有劳动能力及因病因学等刚性支出负担较重的低收入农户。

安徽省和温州市均约定了对受益对象进行动态调整。在 2021 年安徽省《资产收益扶贫工作通知》提出，对于脱贫农户，经过一段时间的巩固期并核查认定已稳定脱贫的，不再享受针对贫困户的优先扶持政策，调整出的资产收益权可分配给其他贫困户，或用于发展村级公益事业。温州市 2021 年实施的《全面推进折股量化帮扶指导意见》提出，折股量化帮扶资金所得收益用于帮扶低收入农户部分（不含劳动力入股），应根据低收入农户动态管理同步调整；因低收入农户基数减少，收益分配后结余较多的，可适当提高户均收益分配额，但一般不超过原协议约定标准的 2 倍。在这一条上，安徽省的政策约定相对可实施的范围更加灵活。

（六）项目选择

在项目选择上，安徽省 2021 年发布的《资产收益扶贫工作通知》做了明确说明：立足优势产业选好项目，市县要立足本地资源条件，统筹考虑产业基础、区域布局、一二三产业融合、市场环境、群众意愿等因素，选择具有良好发展预期的产业项目，重点支持贫困地区优势特色种养业、农副产品加工业、农业生产社会化服务、乡村旅游等产业项目，紧紧依托产业推进资产收益扶贫，注重发挥产业的辐射带动作用并有效防控风险。同时该文件提出，要注重形成物化资产，用于资产收益扶贫的财政资金，鼓励优先用于固定资产投资、购买生产资料等，形成可核查的物化资产，如扶贫工厂、扶贫车间、农机设备等；警惕高杠杆运营的风险，对于将财政资金通过贴息、担保、风险补偿等方式"放大"后再用于资产收益扶贫，要审慎研究高杠杆运营可能带来的风险，制定风险防范措施和应急预案。

温州市2021年实施的《全面推进折股量化帮扶指导意见》对于项目做了如下约定：根据乡村振兴规划和资源禀赋遴选项目，积极参与农村自然资源开发、农业公共服务平台建设、农业产业和经营性集体物业等项目，鼓励在"未来乡村"创建、田园综合体试点、现代农业产业园建设等农业产业融合项目中择优实施折股量化帮扶。同时该文件还做了如下规定：采用资金入股方式的，村集体将折股量化帮扶资金以股金形式直接投入承接主体，并在协议中规定股金的具体用途，由项目承接主体用于建设或投资形成经营性物化资产；采用物化资产入股的，村集体将折股量化帮扶资金用于投资建设或购买经营性物化资产，或直接以土地、农房、设施用房等入股的，经过具备资质的第三方机构评估后，按实物资产评估确定的公允价值入股承接主体。

在项目选择上，安徽省和温州市的做法基本一致，要求立足优势产业选好项目，同时注重将财政支农资金形成可核查的物化资产，这样做有助于降低财政资金流失的风险，减少参与资产收益扶贫项目的基层干部因项目选择不利而被追责的风险。

（七）激发贫困户内生动力

安徽省在2021年的《资产收益扶贫工作通知》中提出，实施差异化扶持政策，落实精准扶贫、精准脱贫的要求，优先扶持贫困村、贫困户，建立贫困户通过自身努力脱贫的激励机制，防止"泛福利化"；资产收益扶贫项目要优先吸纳本地贫困劳动力就业，帮助有劳动能力的贫困户通过就业脱贫增收。该文件还提出，完善利益联结，积极创新项目经营管理模式，项目实施主体应带动农户从事多种形式的农业合作生产经营，使农户享受收益分红、就近就业、技术指导、产品回购等多种收益；推广和完善园区带动、企业带动、农民合作社带动、种养大户带动和贫困户自主种养的"四带一自"利益联结模式，激发贫困户发展产业的内生动力。

温州市在《全面推进折股量化帮扶指导意见》文件中提出"劳动力入股"的概念，支持在折股量化帮扶收益中设立劳动股，鼓励项目承接主体与有劳动能力的低收入农户建立长期雇佣关系；对参与劳动超过一定年限的低收入农户，除正常劳动报酬外，再额外获得一定比例的折股量化收益，且不因低收入农户身份改变而退出，直至项目经营期满或解除雇佣关系，激发低收入农户参与劳动的积极性。

可见，两地不仅重视对低收入农户的帮扶，同时在政策上重视激发低收入农户自身的内生发展动力，不仅要扶贫，还要扶智，帮助有劳动能力的低收入农户通过就业和参与经营获得更多收益。

（八）风险防控措施

在风险防控方面，安徽省做法是让项目实施主体承担主要责任，并尽可能保障村集体和低收入农户的权益，但对项目经营主体来说可能存在使用财政资金压力过大的问题。安徽省在《资产收益扶贫工作通知》中提出，经营主体享有依法经营的自主权，承担项目经营风险，依法按约支付收益。贫困户不承担项目经营风险，除由村集体经济组织作为实施主体的项目外，贫困村也不承担项目经营风险。鼓励实施主体购买商业保险，分散和降低经营风险，增强履约偿付能力；市县可探索利用保费补贴等扶持政策，对实施主体给予适当支持；资产收益扶贫实施主体解散或破产清算时，在按照有关法律规定清偿债务后，应优先保障贫困村和贫困群众的权益；实施主体可通过购买商业保险、调节年度间收益分配规模等方式，降低收益波动的影响。该文件还提出，"除不可抗力因素之外，若项目面临较大的经营困难或出现持续亏损，难以保障贫困户收益时，实施主体应利用自有资金购买贫困户、农户和村集体的收益权或股份"，这条可能对于处于经营困难的项目实施主体来说有一定的困难。资产收益扶贫项目本质上也是政府将财政资金投入与实施主体经营项目进行的投资，而投资自然是有风险的，这一条款则将所有经营风险转嫁到项目实施主体身上，这在实际操作过程中会进一步增加实施主体参与资产收益扶贫项目的畏难情绪。

而温州市的政策则强调村集体与承接主体共同来承担风险，同时利益也共享。温州市在《全面推进折股量化帮扶指导意见》文件中提出，按照"平等自愿、利益共享、风险共担、积累共有"的原则，合理商议村集体所占股权比例及收益分配方式；在项目实施过程中，如遇到特殊情况确需调低收益率的，须报项目原审批部门同意；鼓励承接主体购买商业保险，分散和降低经营风险，增强履约能力；承接主体每年要进行项目运营情况和风险评估，并报送持股主体。相比较而言，温州的折股量化扶贫政策更加考虑项目承接主体在实际经营中遇到的困难，更加人性化，也更符合法律上面对财政资金与其他资金法律地位一视同仁的实际。

（九）项目存续期限及退出机制

安徽省资产收益扶贫项目的相关文件中，并未对项目的存续期及如何退出进行相关的说明，可能默认这些项目均是长期的投入，直到项目终结。但是在项目实施主体实际经营过程中，由于某些原因，可能存在项目退出的实际需要。温州的财政支农资金折股量化政策则已经考虑到了这种情况，对于项目的存续期限在《全面推进折股量化帮扶指导意见》这一文件中做了如下约定：项目运营期限原则上应不少于5年，运营期不足5年的，折股量化帮扶资金所形成的资金或资产由县级统筹用于其他折股量化项目。该文件还明确了股权转让退出机制，并对股权转让条件、股权转让方式和股权转让价格进行了具体约定。

（十）健全激励机制

为了更多各级政府和经营主体参与开展资产收益扶贫项目，安徽省和温州市两地均制定了相关激励政策。安徽省在《资产收益扶贫工作通知》中提出，省级将资产收益扶贫工作成效纳入财政专项扶贫资金绩效考核，建立正向激励机制；省级对推动创新积极主动、资金管理规范有序、脱贫成效突出的市县，在分配财政专项扶贫资金时予以奖励；市县对吸纳贫困户参股、带动增收效果好的实施主体可结合当地产业发展状况和脱贫攻坚实际给予相关政策支持。

温州市《全面推进折股量化帮扶指导意见》提出，县级主管部门和财政部门要积极协调相关部门落实对折股量化项目涉及的用地、用电、银行贷款及税收方面给予优先支持，为重点项目开辟"绿色通道"。帮助推进项目加快落地；探索利用保险保费补贴等扶持政策，对承接主体给予适当支持；市财政将对工作力度大、成效明显的地区给予激励。为鼓励基层干部大胆推进财政支农资金折股量化项目，温州市在折股量化项目实施过程中贯彻落实《温州市改革创新容错免责办法（试行）》，建立容错机制，鼓励改革创新、担当作为、干事创业。

三、安徽省资产收益扶贫实施成效

（一）总体成效

安徽省财政厅创新财政资金使用方式，将财政涉农资金由无偿补助变成有偿投入，经营能力较强的企业与村集体民主协商，自愿成为资产收益扶贫项目实施主体，参与当地特色优势产业发展，财政资金与产业发展技术、经营能力更好结合。同时，通过"资源变资产、资金变股金、农民变股东"，以资产收益权为纽带把贫困户与项目实施主体联结起来，助推产业扶贫由"输血"向"造血"转变，既发挥了财政资金的引导作用，激活了农村生产要素活力，也让更多农民分享到全产业链增值收益，带动贫困户持续增收、稳定脱贫。

"十三五"期间，安徽全省累计投入95.6亿元支持实施资产收益扶贫项目35078个[①]，其中，财政投入73.2亿元，其他渠道投入22.4亿元，覆盖2874个贫困村，累计增加贫困村集体收入5.47亿元，带动135万贫困人口增收，累计分红16亿元。

安徽省的资产收益扶贫的关键在于构建紧密型利益联结机制，财政、农业、扶贫部门突出主体带动，指导各地运用多种模式将贫困群众精准嵌入乡村产业体系。除固定收益分红外，项目实施主体通过订单收购、务工就业、流转土地、技术培训、租金减免、引领创业等带动方式中的两项以上与贫困户建立利益共享、风险共担的紧密利益联结关系，实现资源的合理整合和利益共享，提高了贫困群众产业扶贫参与度，增强了贫困户自我发展能力和内生动力。27个县利用"三变"改革成果，统筹其他涉农资金、村集体存量资产、社会捐赠资产和农户土地等生产要素折价入股经营稳健的新型经营主体，1383个非贫困村累计收益3808万元，拓宽了非贫困村集体和一般农户增收渠道。

（二）典型案例

1. 六安市裕安区固镇镇白鹅产业园项目

白鹅产业园项目位于安徽省六安市裕安区固镇镇。固镇镇充分发挥"皖西白鹅"的地域品牌优势，发展白鹅养殖带动，贫困村和贫困户增收。项目主要建设内容：2019年固镇镇投入财政扶贫资金200万元，用于白鹅扶贫产业园建设项目，主要建设完成深加工车间1座，面积1100平方米；300平方米的冷库；新建4座2400平方米的育雏间；配套完善场区粪污处理设施；

[①] 张毅璞.95.6亿元 135万人！"十三五"安徽精准推进资产收益扶贫[OR/OL].（2021-05-21）[2022-10-13].http://www.ahwang.cn/anhui/20210521/2237419.html.

组建家系种鹅核心群。^① 该项目以固镇镇为业主单位，覆盖贫困村 5 个，通过"四议两公开"方式，确定由安徽展羽生态农业开发有限公司承接项目进行运营，约定年收益 20 万元，产生收益全部用于该镇 5 个贫困村村集体经济和厂房土地租金，同时带动贫困户发展白鹅养殖，提供技术指导。

贫困户受益模式主要有：一是入股"分红金"。固镇镇以每年不低于 20 万元的租金（2019 年租赁收入为 20 万元），租赁给安徽展羽生态农业开发有限公司，镇政府将租赁收入分配给 5 个贫困村，纳入村集体经济收入，5 个贫困村除去土地流转租金外，按照不低于 50% 的比例分配给无劳动能力的贫困户。二是土地"获租金"。该项目坐落在固镇镇河沿村，租赁占地 28 亩，年租金 4 万元。三是生产"得现金"。2019 年承接主体向全镇 5 个贫困村为困难群众免费赠送鹅苗达 2000 只以上，并提供无偿技术指导。四是费用"得减免"。同时，所有贫困户到企业购买鹅苗均比市场价便宜 10 元以上，贫困户家的鹅蛋到企业孵化全部免费，并按照高于市场价 2 元的价格对贫困户养殖的成品鹅进行收购。本项目通过"龙头企业＋贫困户"的扶持模式，引导和带动贫困户发展养鹅生产。按户均年饲养皖西白鹅 50 只商品鹅的生产规模，年可增加纯收入 3000 元以上，实现稳定脱贫持续增收的目标。

2. 濉溪县 2020 年资产收益扶贫民生工程

为强化扶贫资金集体管理，提高资金使用效益，防范因投资分散、项目规模小可能产生的经营管理、市场运营等风险，22 个贫困村把各自资产收益扶贫补助资金合计 1770 万元（村均投入超过 80 万元）集中投入选定的项目实施主体——濉溪县陈集中心粮站，实施 3 万吨标准化粮仓建设，建设内容包括新建 3.5 万吨标准化粮仓 3 栋和道路、排水、消防等辅助设施，购置三合一真菌毒素快速检测设备、汽车衡、粮食补仓机等生产设备 70 台套。2020 年，濉溪县资产收益扶贫项目投入资金 1770 万元，涉及全县 22 个贫困村。该项目建设地点位于濉溪县双堆集镇，实施主体为濉溪县双堆中心粮站，项目建成后，由项目实施主体濉溪县双堆中心粮站运营管理，该项目资金规模为 2210 万元，其中扶贫资金 1770 万元，建设地点在濉溪县双堆集镇陈集粮站内，该项目于 2020 年 2 月开始投入建设，2020 年 7 月竣工。^②

---

a 六安市财政局 . 六安市 2019 年资产收益扶贫民生工程绩效自评报告 [EB/OL].（2020-01-10）[2022-10-20].https://www.luan.gov.cn/public/6608171/8689801.html.

② 濉溪县财政局 . 濉溪县 2020 年度资产收益扶贫项目实施情况公告 [EB/OL].（2021-01-07）[2022-10-28].https://www.sxx.gov.cn/zwgk/public/831/59779931.html.

根据濉溪县双堆中心粮站与22个贫困村签订的资产收益扶贫合作协议建立的利益联结机制,2020年22个贫困村可获得收益112.7万元。根据各村按照"四议两公开"民主决策程序制定的"折股量化及收益分红方案",协议期内,贫困村集体每年增加收入超过45万元左右,受益建档立卡贫困户增收合计超过70万元,受益贫困户超过1800户,受益贫困人口超过4500人。①

3.滁州市来安县舜山镇六郎村产业扶贫项目

六郎村作为来安县资产收扶贫工作试点村,通过成立的集体股份经济合作社,积极争取上级资金项目,把集体资产"盘子"扩大。2018—2020年三年时间里,六郎村先后利用专项扶贫资金241.19万元建设88座钢架蔬菜大棚,100.3万元建设3座共180千瓦光伏电站,利用202.5万元在靠山组利用10亩集体荒山发展林下养殖项目,利用100万元发展蛋鹌鹑养殖项目,实现贫困村、贫困户与合作社、家庭农场等经营主体紧密联系、共同增收。其中,88座蔬菜大棚位于六郎村300亩国家级蔬菜标准园内,对外承包年收益5.89万元;靠山组林下养殖项目养鸡场完成3年期招租,年租金收益16.2万元;3座扶贫光伏电站年收益11.56万元。

针对不同的产业项目,六郎村分类施策,精准分配收益。3座光伏电站年收益11.56万元,分配给相关联的40个贫困户用于户内增收,以及村集体发展公益事业。② 蔬菜大棚和林下养殖项目443.69万元的资产折算成6万股,按"46235"进行分配股权,即总股份量化给村集体40%、贫困户60%,贫困户的60%再按三类贫困属性分配,无劳动能力的五保贫困户、生活相对困难的低保贫困户、一般贫困户人均量化持股比例为2∶3∶5,以股权量化结果作为收入分配的依据。2019年,该村五保贫困户每年可享受分红610.8元/人,低保贫困户每年可享受分红916.3元/人,一般贫困户每年可享受分红1527.2元/人。

---

① 濉溪县财政局.濉溪县实施资产收益扶贫民生工作助力脱贫攻坚[EB/OL].(2020-09-14)[2022-10-28].https://www.sxx.gov.cn/xwzx/ztzl/sxxmsgc/gztj/60389411.html.

② 刘安洋.来安县舜山镇六郎村:资产收益扶贫打通产业带贫路径[EB/OL].(2020-07-09)[2022-10-29].http://www.ahagri.com/nwkx/Content/8d59706f-eb50-419c-ae47-84ea92f43bc1.

四、安徽省资产收益扶贫绩效评价

（一）绩效评价办法

为增强资产收益扶贫工作实施成效，安徽省财政厅 2018 年颁布实施《安徽省资产收益扶贫绩效评价暂行办法》。该绩效评价采取定性和定量相结合、定量为主的方法开展绩效评价，省级形成项目评分和各市评分。绩效评价采用百分制，满分 100 分，按得分高低分为优秀（S ≥ 85）、良好（85>S ≥ 75）、中等（75>S ≥ 60）和差（S<60），具体考核标准如表 8-1所示。同时绩效评价规定省级资产收益扶贫民生工程绩效评价结果、各市绩效评价开展情况纳入省委、省政府考核指标体系，以及民生工程绩效奖补指标范围，进一步激励先进、鞭策后进，在全省形成争先进位的良好氛围。

表 8.1　安徽省资产收益扶贫绩效评价指标

序号	一级指标	二级指标	三级指标	指标分值	指标解释说明	评分标准	备注
1	投入（26分）	项目实施主体选择（12分）	项目选择合理性	4	评价要点：项目实施主体选择是否充分考虑发挥当地比较优势，是否履行民主决策程序，用以反映和考核项目选择的科学性、合理性	(1)实施主体选择履行民主决策程序的得2分；未履行的该项不得分；(2)利用当地具有比较优势资源的得2分；未利用本地资源的不得分	村级项目"本地"为本行政村及紧邻行政村，跨村项目"本地"为所在乡镇及紧邻乡镇；依此类推。结合当地实际情况认定比较优势资源种类
2			项目选择协作性	4	评价要点：判断项目的确定是否符合相关要求，用以反映项目规范性	(1)县级行业主管部门和乡镇对项目实施主体及项目选择进行审核得3分，否则不得分；(2)市级行业主管部门对实施主体及项目选择进行指导得1分，否则不得分	必须提供有效的文件、会议记要、会议记录等书面证明材料
3			绩效目标合理性	4	评价要点：是否明确了项目目标、绩效目标值，用以反映考核项目目标的设定、细化、量化等情况	(1)设置项目绩效目标的得3分，未设置的不得分；(2)明确了项目推进时间节点和完成时限的得1分，未明确的不得分	必须提供有效的文件、会议记要、会议记录、实施方案等面证明材料
4		投入资产保障（14分）	投入资产到位率	5	评价要点：判断考核年度实际投入到位规模，用以反映考核投入落实对项目实施的总体保障程度	(1)资产收益扶贫到县财政专项资金不低于上年度省以上财政到位资金总额扶贫资金10%的得3分。每低一个百分点扣0.3分，扣完为止。(2)市县本级投入不低于资产收益扶贫投入20%的得2分。每低一个百分点扣0.1分，扣完为止	数据来源各地资产收益扶贫报送的报表等相关资料
5			综合投入强度	4	评价要点：判断考核投入平均投入达到一定规模后才会产生规模效应	(1)大于等于20万元的得4分；(2)小于20万元大于等于10万元的得2分；(3)低于10万元的得1分	县域内新增年度资产总投入/实施资产收益扶贫项目贫困村个数为准。数据来源各地月报表
6			投入到位及时率	5	评价要点：判断实际投入资产到位时间，用以反映实施的总体保障程度	(1)租赁、入股后投入资产30日内投入资产到位的得5分；(2)合同或协议（下同）等签订后30～60日内投入资产到位的得3分；(3)合同或协议签订后60日以后投入资产不到位的不得分	必须提供有效的证明材料，考评时通过实地走访或电话访问等方式核准

续 表

序号	一级指标	二级指标	三级指标	指标分值	指标解释说明	评分标准	备注
7	过程(28分)	制度建设(18分)	管理制度健全性	10	评价要点：管理机制制度实施是否健全，用以反映和考核项目实施和实施效果的保障情况	(1)明确职责分工，责任落实到部门和个人负责的得2分 (2)制定管理制度、目自法、合规、完整的得4分 (3)建立完善的利益联结机制的得4分 上述任一项未开展的对应项不得分	必须提供有效的文件、会议纪要、会议记录等书面证明材料
8			带资机制精准性	6	评价要点：判断带动贫困村和贫困户以及分红情况	(1)实施贫困村个数大于区域内贫困村总数40%的得3分；每低一个百分点扣0.1分扣完为止 (2)带动贫困户当年收户数大于区域内贫困户总数30%的得3分；每低一个百分点扣0.1分扣完为止	数据来源各地资产收益收据上报送的报表等相关资料
9			资料报送及时性	2	评价要点：对省级要求报送的材料提供是否及时、档案资料是否齐全、真实、准确	(1)资料提供及时的得1分；不及时的酌情扣分，扣完1分为止 (2)资料齐全、真实、准确的酌情扣分，不真实的不得分	省厅根据平时工作情况及督查考评情况
10		资产管理(10分)	资产使用规范性	5	评价要点：判断是否开展村级清产核资、防止资产流失；是否制定折股量化办法；是否优先支持形成物化资产	(1)县和乡镇成立清产核资领导小组，对村级资产进行清理、建立村级资产台账的得1分，否则不得分 (2)坚持"四议两公开"办法、制定折股量化办法的得2分，否则不得分 (3)优先支持形成物化资产项目的得2分，否则不得分	必须提供有效的文件、会议纪要、会议记录等书面证明材料
11			监督检查有效性	5	评价要点：是否严格执行《资产收益扶贫收资工程实施办法》、是否为要保障资金的安全、规范运行而采取了必要的监管措施，对投入资金(资产)使用情况、用以反映和考核项目主管或财政、审计等部门对资产使用情况的有效监控	(1)制定了保障资金安全及规范资金管理的措施或办法得2分，否则不得分 (2)市和县主管部门适时组织开展了监督检查的得2分，否则不得分 (3)对监督检查自评和绩效改善落实的得1分，否则不得分	必须提供有效的文件、会议纪要、会议记录等书面证明材料

续表

序号	一级指标	二级指标	三级指标	指标分值	指标解释说明	评分标准	备注
12	产出（10分）	项目产出（10分）	财政资金形成资产万元投入产出率	10	评价要点：评价财政资金形成资产投入项目实施后的实际产出率	（1）M≥全省平均水平的得10分 （2）全省平均水平＞M≥全省平均水平80%的得8分 （3）全省平均水平80%＞M≥全省平均水平60%的得6分 （4）M＜全省平均水平60%的不得分 （5）原则上年收益率低于同期银行贷款基准利率的不得分	1.以评价选中的村数据为准。 2.实际产出率＝实施资产收益／资项目对应的实际资产 3.全省平均水平＝各市上报实际收益／各市上报实际资产投入合计
13			贫困村增收	8	评价要点：评价项目实施带动贫困村村均增收效果	（1）M1≥全省平均水平的得8分 （2）全省平均水平＞M1≥全省平均水平80%的得6分 （3）全省平均水平80%＞M1≥全省平均水平60%的得4分 （4）M1＜全省平均水平60%的不得分	1.以评价选中的村数据为准。 2.全省平均水平＝各市上报贫困村增收总额／各市上报实施资产收益扶贫项目村合计数
14	效果（36分）	项目效益（36分）	贫困人口增收	10	评价要点：评价项目实施带动贫困人口人均增收	（1）M2≥全省平均水平的得10分 （2）全省平均水平＞M2≥全省平均水平80%的得8分 （3）全省平均水平80%＞M2≥全省平均水平60%的得6分 （4）M2＜全省平均水平60%的不得分	1.以评价选中的村数据为准。 2.全省平均水平＝各市上报贫困人口增收总额／各市上报受益贫困人口合计数
15			社会效益	8	评价要点：项目实施对受益对象的直接或间接影响情况	（1）通过项目实施，带动了非贫困人口特别是边缘贫困户收入的得3分，否则不得分 （2）通过项目实施，促进了相关产业良性发展的得3分，否则不得分 （3）撬动了社会资本、金融资本投入的得2分，否则不得分	必须提供有效的证明材料，考评时通过实地走访或电话访问等方式核准
16			满意度	10	评价要点：通过对受益对象的调查走访，获取对项目公告公开、实施效果的满意程度	通过随机问卷调查、电话访问、现场走访等形式，对受益对象满意度进行调查，达到95%为10分，每降低一个百分点扣0.2分，扣完为止	—
合计	100	100		100	—	—	—

资料来源：《安徽省资产收益扶贫绩效评价暂行办法》（《财农〔2018〕618号》）附件。

（二）安徽省淮北市 2019 年自评情况

安徽省淮北市以濉溪县为主开展资产收益扶贫绩效评价，时间为 2019 年 12 月 31 日。该地市县财政局在 2019 年 12 月 31 前完成评价基础数据资料的收集、整理，并组织评价小组对资料进行核查，听取相关单位汇报，最终形成自评报告。淮北市从项目投入、项目过程、项目产出、项目效果 4 个方面内容开展自评。

在项目投入方面，淮北市濉溪县是全国产粮大县，主导产业是粮食生产与加工、果蔬种植与销售，该地在项目选择上充分考虑本地资源禀赋，利用当地具有比较优势资源，选择具有良好发展预期的粮食仓储项目及现代设施农业种植项目，实施资产收益扶贫项目。在实施主体确定上，严格按照上级规定主体条件，通过"四议两公开"民主决策程序选好项目合伙人，同时镇级政府对各村实施主体及项目选择情况进行审核把关，县级行业主管部门及时组织评审论证，上级行业主管部门深入实地进行指导。在投入方面，2019年全市资产收益扶贫财政扶贫资金投入 3057.38 万元，涉及 57 个村，其中 22 个贫困村全覆盖，村均投入 53.64 万元。

在项目实施过程中，淮北市财政局先后出台了《关于修订〈淮北市财政扶贫资金管理办法等文件〉》的通知（财农〔2019〕164 号）、《市级以上财政扶贫资金使用"负面清单"》的通知（财农〔2019〕165 号）、《淮北市扶贫项目资金管理实施细则》的通知（财农〔2019〕190 号）、《2019 年民生工程实施办法的通知——淮北市资产收益扶贫实施办法》（民生办〔2019〕3 号）、《淮北市资产收益扶贫绩效评价办法》的通知（财农〔2019〕242 号）等文件，并在濉溪县出台了《关于建立濉溪县资产收益扶贫工作协调推进机制的通知》（濉财〔2018〕79 号）等规范性文件，从组织制度上保障了该市资产收益扶贫顺利实施和扶贫资金运行安全、使用高效；指导项目实施主体与各村之间建立了"保底收益＋按股分红"利益联结机制，通过协议约定 7% 的保底收益率，保障了贫困村、贫困户的资产收益权。

在项目产出方面，贫困村、贫困户增收明显。2019 年淮北市财政部门牵头实施资产收益扶贫项目投入资产总额 3057.38 万元，当年（半年）总收益为 164 万元，年收益达 10.7%，实现明显增收。其中 22 个贫困村村集体年收益增收 25.68 万元，贫困村村均增收 1.17 万元。57 个村建档立卡贫困户分得收益 138.32 万元，受益贫困户 3582 户贫困人口 9679 人，户均增收 386.15 元。

在项目效果方面，通过随机问卷方式对 57 个村 114 受益贫困户进行调查，调查对象满意率在 96% 以上。通过资产收益扶贫项目的实施，撬动社会金融资本 100 万元参与资产收益扶贫。

（三）安徽省六安市 2019 年自评情况

六安市财政局在各县区全面自评的基础上，聘请第三方对 7 个县区 2019 年资产收益扶贫工程完成情况进行综合评定。

在项目投入方面，全市 2019 年新增项目 178 个，资产收益扶贫总投入 9213 万元，每个贫困村平均投入达 59 万元。[①] 所有项目选择均利用本地的资源禀赋优势、劳动力成本低、经营主体带动、已有成熟品牌辐射、交通区位优势、销售市场广阔、营商环境优良、先进技术优势等。例如，金寨县燕子河大峡谷露营基地乡村旅游项目，投入金寨县心远旅游发展有限公司运营，充分发挥金寨县燕子河大峡谷的旅游资源优势和经营主体实力较强的优势。霍邱县韩老楼村麻黄鸡养殖项目，投入当地省级龙头企业运营，充分发挥成熟品牌辐射等优势。在项目主体选择时，各县区严格履行民主决策程序，采取村"两委"会、村民代表会等民主决策形式、"四议两公开"方式、"一事一议"等形式，择优选择信誉好、有生产技术和销售市场、经济效益好、带动能力强的企业和新型农业经营主体作为实施主体。所有项目来自扶贫项目库，并严格按照"村申报、乡审核、县审定"的程序筛选资产收益扶贫项目。

在项目实施过程中，六安市各县区通过制定财政资金支持资产收益扶贫项目操作规程、制定资产收益扶贫年度实施方案、完善利益联结机制等方式完善管理制度；将资产收益扶贫项目形成的资产作为经营性资产，加强台账登记和常态管理，防止财政资金投入后形成的资产流失。2019 年所实施的 178 个资产收益扶贫项目，其中 108 个形成物化资产项目，占总项目的 61%，做到财政资金优先支持形成物化资产项目。通过开展专题调研、加强问题整改和相关调度等措施进行自我检查，全年各县区累计开展相关检查 12 次，发现问题 30 条，整改问题 30 条，存在问题得到及时整改。

在项目产出方面，2019 年新增资产收益扶贫项目共带动 154 个贫困村 658 万元，村均增收 4.27 万元；共带动 13893 户贫困户，占项目实施区域内

---

① 六安市财政局. 六安市 2019 年资产收益扶贫民生工程绩效自评报告 [EB/OL].（2020-01-10）[200-10-31].https://www.luan.gov.cn/public/6608171/8689801.html..

贫困总户数 17646 户的 79%，增收总额 1915 万元，户均增收 1378 元，人村均增收 442 元。

在项目效果方面，全年新增项目共增加村集体收入 658 万元，以前年度实施项目本年新增收益共达 2048 万元；累计撬动社会资本等其他投入 3329 万元；市对县开展的第三方评价中，调查走访受益对象 100 户，满意度达 99%。

（四）安徽省资产收益扶贫绩效管理对温州的启示

综合上述安徽省出台的资产收益扶贫绩效管理办法和各地的自查报告，可以得出安徽省对于资产收益扶贫项目是有一套系统的管理办法，不仅重视项目的谋划及项目的规范化管理，而且坚持问题导向，通过实施绩效评价，健全工作机制，强化政策落实，确保资产收益扶贫民生工程发挥实效，提高脱贫质量和成效。目前温州对于财政支农资金折股量化项目尚未出台绩效管理办法，可能会存在一些项目虎头蛇尾的情况，安徽省的资产收益扶贫绩效管理措施值得借鉴。

第二节　黑龙江省资产收益扶贫典型问题分析

黑龙江省在实施资产收益扶贫过程中的典型问题，为温州市进一步完善财政支农资金折股量化帮扶制度设计提供了教训借鉴，避免继续走弯路。

2020 年 4 月 23 日，黑龙江省财政厅、农业农村厅和扶贫开发工作办公室联合发布《关于进一步规范资产收益扶贫工作的紧急通知》（黑财农〔2020〕66 号），该文件在肯定近年来各地探索资产收益扶贫在推动产业发展和助力贫困群众脱贫增收方面取得的积极成效，同时指出了该省在实际操作中还存在着政策执行有偏差、资金投入有风险、制度建设不完善等问题，亟须改进和规范。该省通过检查和调研，将这些问题整理如下。

（一）政策执行有偏差

一些县（市）将"资产收益"等同于"资金收益"，直接将财政专项扶贫资金等涉农资金以入股名义出借给企业或直接投入，通过收取利息简单入股分红，搞"名股实债"，或没有形成可核查的物化资产，导致扶贫资金变为扶持企业资金。一些企业采取"上打租"的形式分红给贫困群体，但实际用的是财政扶贫资金。

（二）单个项目投入规模偏大

个别县（市）利用财政扶贫资金等涉农资金支持实施主体，单个项目少则投入超千万元，多则近亿元，一旦发生重大自然灾害和较大市场波动，所关联的产业陷入困境，整个县（市）的脱贫解困资金将发生系统性风险，势必对脱贫攻坚工作造成重大影响。

（三）实施主体选择不精准

一些县（市）选择的企业、新型农业经营主体等资产收益扶贫主体，治理结构不完善，经营管理能力、经济实力不强，诚信守约意识与扶贫济困精神缺失，减贫带贫能力弱。个别企业存在弄虚作假骗取财政资金或搞假合作的现象。

（四）制度建设不完善

相当一部分县（市）没有建立规范系统的资产收益管理制度，监管不到位。有的县（市）将资金投入实施主体后，疏于监管。个别实施主体收到财政扶贫资金，并没有用到产业发展，而是用于还贷、还债和非农、非生产性支出等方面。

（五）资产收益率较低

一些县（市）没有从实际出发，对扶贫资产收益未进行认真核算，简单拿银行利息做比较确定收益比例。相当一部分项目收益仅略高于银行活期存款利息，有的甚至低于银行活期存款利息，贫困户没有分得企业实际利润应反哺的入股分红收益。

（六）收益分配不精准

一些有劳动能力的贫困户没有通过参与产业发展获取收入，而是与丧失劳动力或弱劳动力的贫困户、贫困残疾人户一样坐享资产收益，造成贫困户和非贫困户，贫困户和贫困户之间互相攀比。一些县（市）通过村集体将收益分配给非建档立卡贫困户，扩大开支范围。

（七）地方特色不突出

一些与实施主体合作的项目没有将当地的农业经济特色突显出来，项目灵活性、时效性不够，群众参与热情不高。有的县（市）单纯依靠"高大上"项目，将较大规模的扶贫资金硬性捆绑用于企业配套设施建设。

（八）实际操作不规范

一是违规将涉农资金投入非农产业，或投入农业领域但形成的资产与农业生产和农民生活关联度不大。二是违规使用财政扶贫资金购买国有资产，将财政扶贫资金通过"左右兜倒手"方式变为县本级财政收入。三是政府与实施主体签订的资产抵押、收益分配、合作期满资产处置等合同条款不完善，手续不健全，部分实施主体资产不具备抵押条件，存在风险。四是县、乡政府及其相关部门代为建档立卡贫困村（户）持股，对于项目选择、收益分配等受援群众没参与或不知情。

（九）动态管理机制不完善

对于已实现稳定脱贫的建档立卡贫困户，没有及时进行动态调整，仍在享受优先扶持措施，政策养了"懒汉"，产生不公平问题。

（十）资产监管机制滞后

有的县（市）对项目建后资产管护和项目出现亏损，难以保障贫困户收益时的资产处置等问题没有进行认真研究，资产保值增值和持续发挥作用缺乏制度保障。

第三节　黑龙江省资产收益扶贫实践对温州的启示

资产收益扶贫制度的设计初衷是好的，能够帮助帮扶对象获得财产性收入，进一步提高收入水平。但在实际实践过程中，由于不同层面对政策的理解不到位以及实践过程中遇到的实际困难或问题，执行过程中难免会出现一些偏差。黑龙江省的资产收益扶贫实践中遇到的这些问题为温州提供了很好的经验教训借鉴，在温州市 2021 年颁布实施的《全面推进折股量化帮扶指导意见》中列出了"折股量化帮扶中的负面清单""加强项目的全过程监管"

和"构建部门监督机制"等条款，将有效避免黑龙江省资产收益扶贫实践中遇到的这些问题。但是，黑龙江省所发生的两个方面的问题，温州还仍待高度重视，并加以有效解决。

一、有效解决"单个项目投入规模偏大"

温州个别县利用财政扶贫资金等涉农资金支持实施主体的过程中，也存在单个项目政府投入额偏大的问题，如泰顺县"光伏小康工程"投融资项目省、市、县三级政府投入总额高达 1.1 亿元，平阳县麻步镇生猪养殖项目省、市两级财政资金投入总额达到 2530 万元，一旦发生重大自然灾害或市场波动，所关联的产业将陷入困境，将会对整个县的巩固脱贫攻坚战工作带来系统性风险。因此，本课题建议温州市在考虑项目投资总额时，需要进行充分论证，根据帮扶资金总额确定单个项目的投入规模。

二、有效解决"地方特色不突出"

用于实施折股量化帮扶的资金范围属于财政支农资金，需要体现农字特色，温州市各地在实践过程中还需要探索找到一条如何既能用财政支农资金帮助低收入农户实现增收，又能帮助当地实现特色农业产业发展的有效途径。文成县在这方面进行了有益探索。近几年文成县创新产业帮扶机制，实施中蜂养殖折股量化项目，促进中蜂产业做大做强，建立蜂农带动低收入农户及村股份经济合作社增收机制。中蜂养殖折股量化模式为中蜂养殖户售给低收入农户中蜂一箱，并集中托管代养，蜂蜜效益分红为每箱蜂 400 元的年保底收益，超过 400 元部分进行二次分红。2022 年文成全县 248 个村 7772户低收入农户和 19 户养殖户参与实施，发展托管式中蜂养殖 7772 箱，低收入农户户均收益为 640 元，重点扶贫村村集体收益在 2240 ～ 17280 元，预计带动低收入农户和村股份经济合作社年增收 300 万元以上。①

---

① 沈强强，刘超凡.温州文成：甜蜜事业"酿"造幸福增收路 [OR/OL].（2022-05-10）[2022-11-01].http://zj.people.com.cn/BIG5/n2/2022/0510/c370990-35261461.html..

参考文献

[1] 温州市人民政府办公室．温州市人民政府关于进一步帮扶特殊群体推进共同富裕的若干政策意见 [EB/OL]．（2022-03-25）[2022-08-03].http://www.wenzhou.gov.cn/art/2022/3/25/art_1229117830_1998088.html.

[2] 沈强强，刘超凡．温州文成：甜蜜事业"酿"造幸福增收路 [EB/OL]．（2022-05-10）[2022-11-01].http://zj.people.com.cn/BIG5/n2/2022/0510/c370990-35261461.html.

[3] 浙江省自然资源厅．浙江高质量发展建设共同富裕示范区实施方案（2021—2025 年）[EB/OL]．（2021-07-19）[2022-08-09].https：//www.zj.gov.cn/art/2021/7/19/art_1552628_59122844.html.

[4] 温州市人民政府办公室．温州打造高质量发展建设共同富裕示范区市域样板行动方案（2021—2025 年）[EB/OL]．（2021-07-30）[2022-08-13].http://www.wenzhou.gov.cn/art/2021/7/30/art_1217830_59055257.html.

[5] 温州市民政局．温州市"扩中""提低"专项行动方案（2021—2025 年）[EB/OL]．（2022-03-25）[2022-08-24].http://wzmz.wenzhou.gov.cn/art/2021/12/20/art_1213042_58923074.html.

[6] 濉溪县财政局．濉溪县 2020 年度资产收益扶贫项目实施情况公告 [EB/OL]．（2021-01-07）[2022-09-14].https：//www.sxx.gov.cn/zwgk/public/831/59779931.html.

[7] 温州发布．"小康中国·温州故事——全面建成小康社会"主题系列新闻发布会民生部门专场（第一场）[EB/OL]（2020-12-14）[2022-10-10].http://www.wzxc.gov.cn/system/2020/12/15/013943794.shtml.

[8] 濉溪县财政局．濉溪县实施资产收益扶贫民生工作助力脱贫攻坚 [EB/OL]．（2020-09-14）[2022-10-18].https：//www.sxx.gov.cn/xwzx/ztzl/sxxmsgc/

gztj/60389411.html.

[9] 刘安洋.来安县舜山镇六郎村：资产收益扶贫打通产业带贫路径 [EB/OL].
（2020–07–09）[2022–10–21]. http://www.ahagri.com/nwkx/Content/8d59706f-
eb50–419c–ae47–84ea92f43bc1.

[10] 六安市财政局.六安市 2019 年资产收益扶贫民生工程绩效自评报告 [EB/OL].
（2020–01–10）[2022–11–03].https://www.luan.gov.cn/public/6608171/8689801.html.

[11] 阜阳市财政局.安徽省资产收益扶贫绩效评价暂行办法 [EB/OL].（2018–07–
04]）[2022–11–07].https：//www.fy.gov.cn/openness/detail/content/5c515fc37f8b9a6
0748b4569.html.

[12] 温州扶贫.温州市财政支农资金折股量化扶贫试点工作实施意见 [EB/OL].
（2017–06–08）[2022–11–10].http://news.66wz.com/system/2017/06/08/104999232.
shtml.

[13] 张毅璞.95.6 亿元 135 万人！"十三五"安徽精准推进资产收益扶贫 [OR/OL].
（2021–05–21）[2022–09–09].http://www.ahwang.cn/anhui/20210521/2237419.
html.

[14] 新华社.关于实现巩固拓展脱贫攻坚成果同乡村振兴有效衔接的意见 [OR/
OL].（2021–03–22）[2022–09–20].http://www.gov.cn/zhengce/2021–03/22/
content_5594969.htm?gov.

[15] 文成县审计局.文成实施中蜂养殖折股量化扶贫项目促农户增收 [OR/
OL].（2020–11–26）[2022–10–11].http://wzsj.wenzhou.gov.cn/art/2020/11/26/
art_1222568_58701417.html.

[16] 佚名.打造"畲族风情民宿"浙江苍南县创新扶贫资金"折股量化"[OR/
OL].（2020–10–9）[2022–10–13].https：//baijiahao.baidu.com/s?id=1713120794
340345562&wfr=spider&for=pc.

[17] 沙默.温州：全力推进精准扶贫 开药方拔穷根确保实现全面小康 [OR/OL].
（2020–01–14）[2022–10–30].http://zj.people.com.cn/n2/2020/0114/c186951-
33714150.html.

[18] 柯哲人，张佳玮.温州创新财政支农"造血式"扶贫 [N].温州日报，2021-
01–10（01）.

[19] 杨怡.共同富裕道路上，一个也不能掉队——温州市推进精准扶贫促进农民
增收实践记 [N].农村信息报，2020–10–17（A16）.

[20] 陈秀秀,季向贤.文成推进中蜂扶贫模式一举多得[N].农村信息报,2020-08-05（A02）.

[21] 王乐乐，黄伟，张睿，等.文成发展"中蜂"产业帮服低收入农户增收抱团酿造甜蜜的事业[N].温州晚报,2020-08-03（02）.

[22] 周胜芳，戴佩慧.温州市财政支农资金折股量化扶贫调查分析[J].南方农业,2021，15（34）：26-30.

[23] 周胜芳，戴佩慧，吴澄，等.温州市财政支农资金折股量化扶贫机制探索[J].经济论坛,2017（7）：46-50.

附　录

文件 1：温州市财政支农资金折股量化扶贫试点工作实施意见（温扶办〔2017〕5 号）

各县（市、区）扶贫办、财政局：

根据党中央、国务院关于打赢脱贫攻坚战的决策部署和市委、市政府《关于推进精准扶贫增强低收入农户发展能力的实施意见》（温委办发〔2016〕92 号）、《温州市财政支农体制机制改革三年行动计划》（温财农〔2015〕387 号）的要求，为指导各地开展财政资金折股量化扶贫试点工作，经市领导同意，制定本意见。

一、目的和意义

实施财政支农资金折股量化扶贫试点，是在不改变支农资金用途的前提下，以支农资金投入项目所形成资产股权量化为载体，构建财政支农资金扶贫新模式。同时，赋予低收入农户更多的财产权利，拓宽缺劳力、缺技术、缺资金、缺信息的低收入农户持续稳定的增收渠道，激发他们参与产业化合作开发和生产劳动的内生动力，助推低收入农户增收致富。

二、基本原则

1. 县级为主，试点先行。各县（市、区）政府是财政支农资金折股量化扶贫试点工作的主体，应结合本地实际，积极主动推动试点工作。市级扶贫办、市财政局对试点工作给予指导。

2. 完善制度，大胆探索。各地要坚持精准扶贫方略，拓宽思路，创新方法，积极探索财政支农资金折股量化扶贫新模式，并形成制度总结推广。

3. 公开公平，自愿参与。坚持公开、公平、公正的原则，阳光操作，保障低收入农户的知情权、参与权、选择权、监督权，保障参与单位的自主经营权。

4.市场运作，多措并举。坚持市场导向，发挥市场在资源配置中的决定性作用。从实际出发，尊重历史，兼顾现实，分类实施。采取参股入股、租赁、发包、独立经营等资产运营方式，实现赢利增值。

三、主要目标

从2017年起，每个县（市、区）开展财政支农资金折股量化试点工作，选择1～2个项目先行试点，总结经验，条件成熟的，全面推开。全市带动1500户以上低收入农户增收致富，户均年增收2000元以上。争取有条件的低收入农户通过3～5年持续发展达到农村居民的平均收入水平。

四、受益对象与实施主体的基本要求

1.受益对象应遵规守纪，诚实守信，无吸毒贩毒打赌等违法行为，自愿参与、主动接受财政支农资金折股量化扶贫方式，与经营主体形成利益联结体，并通过自己的劳动进一步提高收入。对于不需要受益对象投入土地、劳动、资金等资源的项目，每年根据其家庭收入变化实行动态管理。

2.实施主体可以是农民专业合作社、家庭农场、农村集体经济组织、龙头企业、国有投资主体及有意愿参与扶贫的其他经营主体等，有乐于扶贫助困的社会责任和担当，且管理规范、运行良好、具有较强的盈利能力，诚实守信，切实保障低收入农户的收益。

五、折股量化的方式方法

（一）参与折股量化的资金范围

参与折股量化的财政支农资金包括各级财政预算安排扶贫资金及其他涉农资金、挂钩帮扶资金，但补贴类、救灾救济类专项资金不纳入财政支农资金折股量化项目实施范围。

（二）折股量化形式

根据受益对象是否有土地、劳动力、资金等资源投入，分为两种形式：

1.单一利用政府支农资金或挂钩帮扶资金投资于第三方实施主体的项目，所形成的资产折股给政府委托持股主体持有，按照动态管理的原则，收

益量化给低收入农户。

2. 低收入农户利用土地、农房、资金、劳动力等资源入股,财政资金投资于项目实施后所形成的资产直接折股量化给受益对象持有。

(三)具体途径

各县(市、区)可结合各地实际情况,从中选择市场风险小、收益长期稳定的项目用于实施折股量化。

1. 财政支农资金投入利用土地、风、水、电、农村新能源等农村自然资源开发类项目。

2. 财政支农资金投入农村金融、饮用水、农产品交易市场、农产品仓储等公共服务平台建设项目。

3. 财政支农资金投入购买店铺、来料加工场所、停车场等农村经营性集体物业项目。

4. 财政支农资金投入开发种养(殖)业、现代都市农业、生态循环农业、休闲观光农业、乡村旅游业等产业化发展项目及其他扶贫开发产业项目。

5. 财政支农资金投入可以产生效益的其他项目。

六、收益分配及资产处置

折股量化资金可以采取普通股的形式入股经营主体,低收入农户与企业共担风险,并按股权获得分红;或以优先股形式入股经营主体,享有固定收益和一定分红,不参与企业决策和承担企业风险。两种入股形式具体分配方案及合同期满后的入股资产处置方案依据项目实施主体、项目内容的具体情况,由相关主体协商并以协议的方式加以确定。具体分配方案可采取"盈利分红""固定回报""固定收益+分红""价格补贴+分红"等形式,一般要求实施折股量化的项目年收益率达到5%以上,并建立健全收益保底机制,保障低收入农户尽快获取收益并在项目持续期内拥有稳定合理的回报。

七、工作程序

1. 制定实施方案:县(市、区)制定折股量化帮扶的实施方案,重点明确资金筹集、项目选择、利益分配、帮扶对象筛选等具体内容和要求。

2. 项目申报:按照公开、公平、公正原则,发布项目申报公告,明确申报条件、申报时间、受理单位、承担义务和政策支持等具体要求。

3.项目审批：由县（市、区）扶贫、财政部门牵头，组织相关部门，对经乡镇政府集体研究的申报项目，进行择优评选。经县级财政、扶贫公共信息平台公示无异议，发文公布合作对象和项目，县级财政、扶贫和乡镇政府与合作单位及受益的低收入农户或代表其利益的主体签订合作协议。

4.项目实施：各方按照合作协议抓好项目实施，县级财政、扶贫部门及时下达补助资金，实施主体及时履行帮扶义务，按时支付折股收益。

八、监督机制

1.公开、公示机制。从参与折股量化的财政支农资金分配、项目筛选、受益对象确定、项目执行结果以及绩效评价等全过程在县（市、区）扶贫、财政、乡镇政府网站和项目所在地进行公示。股权量化方案、决议和台账需报所在地乡镇人民政府和县（市、区）主管部门备案，并建立折股量帮扶项目年报制度。

2.部门监督机制。县（市、区）扶贫、财政和相关部门负责对实施主体的资格审查，加强项目资金使用的监管，加强对项目实施主体经营状况及财务状况的监督，保障资金安全及受益对象的利益。

3.第三方评估机制。市和县（市、区）委托第三方，开展折股量化资金使用绩效评估。评估结果作为精准扶贫考核和扶贫资金分配的重要因素之一。

九、保障措施

1.加强组织领导。市和县（市、区）有关部门要加强领导，密切配合，协调推进资产收益扶贫工作。县（市、区）对本地财政支农资金折股量化扶贫工作全面负责，统筹协调，周密部署，落实工作职责和相关工作人员，积极开展工作。对各地开展财政支农资金折股量化帮扶试点工作态度消极、进展滞后、绩效差的，给予扶贫考核扣分。

2.强化要素保障。市财政安排一定数额试点专项奖励资金（可包含结对挂钩帮扶资金）对折股量化帮扶工作开展好、投入大的县（市、区）给予重点支持；各县级财政积极整合支农资金，在不改变用途的情况下，积极实施折股量化扶贫项目。引导信贷资金、保险资金加大对支农资金折股量化实施项目主体的支持。各地对项目实施主体在土地流转、建设用地安排、示范项目建设补助等方面给予重点支持。

3.明晰工作责任。参与试点工作的部门单位、国家工作人员，徇私舞弊、人情扶贫、暗箱操作而造成财政资金流失和侵害受益者利益的，追究有关单位和工作人员的责任；对按规定程序操作，公开透明，集体研究确定，没有主观故意，但由于自然风险、市场风险、经营风险导致没有达到预期目标的，按照《温州市改革创新容错免责办法（试行）》给予免责。

4.构建风险防范机制。经营主体不得将资产收益扶贫项目投资形成的资产作为抵押资产。对运营方出现经营不善导致破产或不履行分红协议的可按照法律程序，优先保障低收入农户的资产受益权。有条件的地方要建立与之相适应多层次的风险防范机制，对出险项目进行适度补偿。

温州市扶贫老区办公室　　温州市财政局

2017 年 5 月 26 日

（来源：温州市委农办（市农业局））

文件2：关于全面推进财政支农资金折股量化帮扶助推共同富裕的指导意见（温农发〔2021〕68号）

温 州 市 农 业 农 村 局
温 州 市 财 政 局 文件

温农发〔2021〕68号

温州市农业农村局 温州市财政局
关于全面推进财政支农资金折股量化帮扶
助推共同富裕的指导意见

各县（市、区）农业农村局、财政局：

为贯彻落实中央全面推进乡村振兴战略的决策部署，实现"巩固拓展脱贫攻坚成果同乡村振兴有效衔接"的新要求，按照《中共中央 国务院关于支持浙江高质量发展建设共同富裕示范区的意见》《中共温州市委温州市人民政府关于印发〈温州打造高质量发展建设共同富裕示范区市域样板行动方案（2021—2025年）〉的通知》《关于高质量实施乡村振兴战略加快农业农村现代化先行市的意见》（温委发〔2021〕1号）等文件精神，特制定本意见。

一、总体要求

2017年以来，我市按照《温州市财政支农资金折股量化扶贫试点工作实施意见》（温扶办〔2017〕5号）文件精神，积极推进试点工作，成功探索出"村集体＋农户＋社会资本"的"造血式"帮扶新模式，精准扶贫取得显著成效。

为顺应新形势新要求，在总结试点经验基础上，坚持"产业为本、市场运作、效益可期、风险可控、分配合理"的原则，进一步深化财政支农资金折股量化帮扶扩面提效，推动各类经营主体与村集体和农户形成紧密联结，实现巩固拓展脱贫攻坚成果同乡村振兴有效衔接，助推我市共同富裕示范区市域样板创建。

"十四五"期间，全市新增财政支农资金5亿元以上投入折股量化帮扶项目，建立项目资产管理平台，带动 500 个以上帮促村集体经济年收入增加 3 万元以上，带动 1 万户低收入农户户均年增收 1500 元以上。

二、参与对象

（一）持股主体。以村集体作为持股主体。折股量化帮扶资金注入村集体，由村集体投入项目，所形成的资产（股份）由村集体持有。

（二）承接主体。选择治理结构完善、财务管理健全、经营状况良好、经济实力较强、诚信守约、乐于扶弱帮困的企业、农民专业合作社、家庭农场等经营主体或村集体经济组织，作为项目承接主体。支持多个村集体抱团成立独立的经营主体承接项目经营管理。

（三）受益对象。包括村集体和低收入农户。受益的村集体以乡村振兴重点帮促村和相对薄弱村为主，兼顾其他村。受益的低收入农户应守法诚信，无吸毒、贩毒、赌博等违法行为，自愿参与、主动接受折股量化帮扶，优先照顾没有劳动能力及因病因学等刚性支出负担较重的低收入农户。

三、项目和资金

（一）项目类型。根据乡村振兴规划和资源禀赋遴选项目，积极参与农村自然资源开发、农业公共服务平台建设、农业产业和经营性集体物业等项目，鼓励在"未来乡村"创建、田园综合体试点、现代农业产业园建设等农业产业融合项目中择优实施折股量化帮扶。

（二）资金来源。在不改变资金用途和支持方式的前提下，各地可将各级财政预算安排的扶贫类资金、挂钩帮扶资金及其他涉农资金等，用于开展折股量化帮扶项目，但补贴类、救灾救济类资金不纳入实施范围。

四、入股与经营模式

（一）入股形式

1.资金入股。村集体将折股量化帮扶资金以股金形式直接投入承接主体，并在协议中规定股金的具体用途，由项目承接主体用于建设或投资形成经营性物化资产。

2.物化资产入股。村集体将折股量化帮扶资金用于投资建设或购买经营性物化资产，或直接以土地、农房、设施用房等入股的，经过具备资质的第三方机构评估后，按实物资产评估确定的公允价值入股承接主体。

3. 劳动力入股。支持在折股量化帮扶收益中设立劳动股，鼓励项目承接主体与有劳动能力的低收入农户建立长期雇佣关系。对参与劳动超过一定年限的低收入农户，除正常劳动报酬外，再额外获得一定比例的折股量化收益，且不因低收入农户身份改变而退出，直至项目经营期满或解除雇佣关系，激发低收入农户参与劳动的积极性。

（二）经营模式

1. 构建"村集体+农户+企业"多种利益联结机制，折股量化帮扶项目由承接主体自主经营，或通过委托经营、打包租赁等方式由第三方进行运营。

2. 项目运营期限原则上应不少于 5 年，运营期不足 5 年的，折股量化帮扶资金所形成的资金或资产由县级统筹用于其他折股量化项目。

3. 项目承接主体为村集体的，选择自主经营模式时，要充分评估运营能力，防止项目实施期内出现安全风险。

五、收益分配

（一）收益方式。村集体与承接主体按照"平等自愿、利益共享、风险共担、积累共有"的原则，合理商议村集体所占股权比例及收益分配方式。可以视情况采取"固定收益""保底收益+分红""农产品价格浮动调整收益率"等分配方式。

（二）收益率。合理约定项目收益率，原则上折股量化项目年收益率应不低于银行同期五年期以上贷款市场报价利率(LPR)。对农业产业类项目，可酌情降低收益率。项目实施过程中，如遇到特殊情况确需调低收益率的，须报项目原审批部门同意。收益支付时间由双方约定，并以整年度计算。

（三）收益分配。折股量化帮扶资金收益由村集体和低收入农户共享，低收入农户收益占比应不低于 50%。村集体收益部分可提取一定的资金，统筹用于帮扶低收入农户。村集体或农户以土地或自有资金入股的，根据协议约定获得收益。

（四）动态调整。折股量化帮扶资金所得收益用于帮扶低收入农户部分（不含劳动力入股），应根据低收入农户动态管理同步调整。因低收入农户基数减少，收益分配后结余较多的，可适当提高户均收益分配额，但一般不超过原协议约定标准的 2 倍。

六、风险防范

（一）加强全过程监管

依托农村"三资管理"平台，启动建设"财政支农资金折股量化帮扶项目监管系统"，及时做好资产登记，实施收益动态预警机制，村集体每年对项目经营情况和收益分配情况定期进行公示。依托农村产权交易平台，对折股量化项目涉及的土地流转、股权资产转让等进行确权监管。建立县、乡、村监管机制，县级主管部门会同财政部门对实施项目进行抽查，乡镇（街道）和村集体每年不少于一次进行实地检查。承接主体每年要进行项目运营情况和风险评估，并报送持股主体。村集体应在村账相应科目中增设"折股量化帮扶资产及收益"明细，将折股量化帮扶资产及所获得的收益与分配纳入专账管理，明晰核算。

（二）明确"负面清单"

1. 项目存续期内，承接主体正常经营，且按时履约的，持股主体及成员不得随意要求退股。

2. 承接主体正常经营的，无特殊情况不得减少或延迟支付收益。

3. 折股量化的股金、物化资产不得对外进行担保、融资。

4. 严禁简单入股分红、明股实债、扶贫小额信贷"户贷企用"等各类借财政支农资金折股量化帮扶名义实施的违规行为。

若出现以上情况，有关部门应责令相关主体限期整改，情节严重的依法依规追究责任。

（三）建立股权转让退出机制

投资双方应当在合作协议中明确股权转让条件和具体方式，保障投资安全和利益。

1. 股权转让条件。满足以下任一条件时，持股主体可申请启动退出机制：

（1）承接主体出现违反国家相关法律法规行为。

（2）承接主体投资进度缓慢或经营策略发生重大变动，不能按约定完成预定目标。

（3）承接主体经营状况经预期评估，已无力保障村集体、低收入农户和其他村民合理收益。

（4）承接主体故意伪造或提供虚假文件、证明、财务报表等。

（5）其他约定需退出的情况。

2. 股权转让方式。持股主体与承接主体经双方协商一致，在保障村集体和低收入农户投资权益的基础上，确定转让具体方式，包括：

（1）由承接主体利用自有资金购买村集体持有股份的方式转让。

（2）持股主体向第三方转让股权后退出。

（3）清算退出。

（4）其他协商确定的方式退出。

3. 股权转让价格。原则上由投资双方在合作协议中约定，具体实施中，应综合考虑合作时间、收益情况，并结合投资原始价值和股权现值等，合理约定股权转让价格。

七、工作流程

（一）项目申报。县级公开发布项目申报通知，明确申报条件、申报时间、受理单位、承担义务和政策支持等具体要求。各乡镇（街道）政府牵头组织项目申报工作，由项目实施村集体或乡镇（街道）负责制定折股量化帮扶项目实施方案，经乡镇（街道）政府审核后，报县级主管部门和财政部门。

（二）项目遴选。县级主管部门会同财政部门和有关专家组成评审组，对项目的合规性、可行性以及项目承接主体的经营能力、收益率、占股比例、分配方式、风险防范措施等进行科学论证，必要时可再委托第三方机构进行论证研究。符合实施条件的项目纳入县级项目储备库管理。

（三）项目审批。县级主管部门和财政部门根据当年度折股量化帮扶资金预算和年度实施计划，在县级项目储备库中择优选取实施项目，经批准后予以立项。

（四）公告公示。折股量化项目入库之前，需对承接主体、合作项目、入股方案等信息在乡镇（街道）平台进行公示。项目立项之后，需将折股量化帮扶项目有关情况分别在县、乡镇（街道）、村三级予以公告。

（五）签订协议。项目立项公告无异议后，村集体与承接主体签订项目合作协议，乡镇（街道）政府与项目实施村集体签订收益分配协议，并报县级主管部门和财政部门备案。

（六）项目建设。承接主体按协议约定和立项计划进行工程招标。实施主体要全程加强对建设项目的跟踪督导，必要时聘请具有相应资质的工程监理公司对项目的全过程或某一单项工程、某一阶段的工作进行监理。

（七）资金拨付。县级财政部门要会同主管部门及时下达帮扶资金，再由村集体拨付给承接主体。以物化资产形式入股的，依法定程序办理交接手续，同时进行股权登记。重大项目可协议约定进行资金预拨，并根据工程项目实施进度分期拨付，项目整体验收后进行一次性结算。

（八）项目验收。根据验收性质分为工程竣工验收和项目整体验收。折股量化帮扶项目涉及工程建设的，工程竣工后由相关村集体或乡镇（街道）组织验收，出具工程竣工验收报告，按程序向县级主管部门提出项目整体验收申请。由县级主管部门牵头或授权乡镇（街道）政府负责，组织相关部门及专家进行项目整体验收。对不符合条件的项目，要限期整改，整改后仍达不到建设要求的取消项目立项，并酌情收回已拨付资金。

此工作流程符合一般性工作要求，各地可结合实际，坚持"科学决策、责权一致、条块结合、公开透明、程序规范"的原则，对工作流程进行适当的优化。

八、保障措施

（一）加强组织领导。建立"市级指导、县级引导、镇（街）主导、村为主体"的四级管理机制。各级政府要把折股量化帮扶工作作为推进共同富裕的重要抓手，及时研究解决工作中遇到的困难和问题。市级主管部门和财政部门要加强政策指导，强化典型示范推广，开展项目实施情况及其成效的监测。县级财政部门和主管部门要加大帮扶资金筹措，出台管理办法或实施细则，重点明确资金筹集、项目选择、利益分配、帮扶对象筛选、资产登记及退出管理等具体内容和要求，做到资金投入、项目落实与目标任务相匹配，并对实施项目进行全过程绩效管理。乡镇（街道）要主动帮助村集体谋划项目、对接合作对象、推进项目落地实施。

（二）加大政策扶持。县级主管部门和财政部门要积极协调相关部门落实对折股量化项目涉及的用地、用电、银行贷款及税收方面给予优先支持，为重点项目开辟"绿色通道"，帮助推进项目加快落地。鼓励承接主体购买商业保险，分散和降低经营风险，增强履约能力。探索利用保险保费补贴等扶持政策，对承接主体给予适当支持。市财政将对工作力度大、成效明显的地区给予激励。

（三）鼓励探索创新。各地要进一步深化折股量化机制探索，在帮扶资金整合、项目运营、收益分配、退出机制等方面进行创新。探索折股量化模式由精准扶贫向推动区域共同富裕拓展。优化政府资源再分配，县级通过搭建政府平台等方式，建立信息互通渠道，激活农村闲置资源、资金、劳动力等要素。优化转变支农支持模式，按照"支农政策不变、市县负担不增"原则，以壮大新型村集体经济带动农民增收为目的，引导村集体抱团承接农业产业项目，并吸引镇域范围内的农户和社会资本等共同参与项目建设，集体共享投入资产的所有权益和收益成果。贯彻落实《温州市改革创新容错免责办法（试行）》，建立容错机制，鼓励改革创新、担当作为、干事创业。

温州市农业农村局　　温州市财政局

2021 年 9 月 26 日

温州市农业农村局办公室　　　　　　2021 年 9 月 26 日印发

后　记

本书是在作者多年参与温州市财政局和温州市农业农村局委托的财政支农资金折股量化扶贫（帮扶）项目调查研究的基础上所形成的研究成果，也是浙江省哲学社会科学规划项目"我省财政支农资金折股量化精准扶贫机制探索——基于温州的调查"（17NDYD10YB）的阶段性成果。在课题调研和协作过程中，得到了许多单位领导、专家的指导和帮助，没有他们的支持和帮助，本课题的调研和本书的写作是不可能顺利完成的，在此表示衷心的感谢！

感谢戴佩慧和潘凤钗两位老师和我一起完成本书各章节的撰写，使得本书能够在共同努力下得以顺利出版。

感谢温州市财政局和温州市农业农村局以及苍南、平阳、泰顺、文成、永嘉和瓯海等地的财政部门和农业农村部门及乡镇干部对我们课题调研及试点工作开展的大力支持！在此特别感谢温州市财政局的吴澄与林若海、温州市农业农村局的林绳权、陈正运等领导，他们为本书的出版提供了思路和素材。

感谢我的爱人及家人，他们在我的写作过程中，用浓浓的亲情和默默的奉献，为我解除后顾之忧，让我能够心无旁骛地完成专著的写作。

感谢温州科技职业学院（温州市农业科学研究院）的领导陈国胜院长、夏守慧副院长，我的同事严瑾、陈琛凝、宋文敏等人的大力支持，他们参与了课题中的部分调研工作，并提供了研究思路。

由于著者水平有限，书中疏漏及不妥之处在所难免，恳请同行专家批评指正！

周胜芳

2022 年 10 月 28 日